心弦合一
绽放冰巅的羽生结弦
Yuzuru Hanyu

冯逸明 主编

新 星 出 版 社 NEW STAR PRESS

- 羽生结弦 /Yuzuru Hanyu
- 国籍：日本
- 出生地：宫城县仙台市

- 出生日期：1994 年 12 月 7 日
- 身高：1.72 米
- 毕业院校：早稻田大学
- 运动项目：花样滑冰

- 主要奖项：
两届冬奥会花样滑冰男单冠军（2014 年、2018 年）
两届世界花样滑冰锦标赛男单冠军（2014 年、2017 年）
四届世界花样滑冰大奖赛冠军（2013 年、2014 年、2015 年、2016 年）
四届日本全国花样滑冰锦标赛冠军（2012 年、2013 年、2014 年、2015 年）

- 创造纪录：
花样滑冰男单总分世界纪录：330.43 分（2015 年）
花样滑冰自由滑男单世界纪录：223.20 分（2017 年）

Hanyu Yuzuru

CONTENTS

心弦合一 / 绽放冰巅的羽生结弦

YUZURU HANYU

3 冰巅

羽 生 🎤 语 录

"即便赢得了奥运冠军，我的动力依然不减，还想变得更强。"

2014 年 2 月，羽生结弦在索契冬奥会上夺得首枚奥运会金牌。此后每当接受媒体采访，都会被问到"作为冠军，会不会觉得压力很大""下一个目标是什么"之类的问题。尽管羽生结弦已经成功夺冠，但他并不觉得自己已经完美，目前依然存在许多有待解决的问题。

所以，他每次都会回应"我还想变得更强"。

"无法竭尽所能的人生太过无趣，要为之拼尽全力才会无怨无悔。"

要做到拼尽全力并非易事，在赛场上保存实力，最终未能抓住机会发尽全力的选手不计其数。

"尽我所能"也是一项深奥的技术。羽生结弦的应战态度是，发挥出当下全部实力，即便输了，也无怨无悔。从他的表演中也时常能窥探出这份觉悟。

早期的滑冰更多用于在冻结的河面上行动，但很快受到贵族青睐，演化成了比赛竞技，是一种更注重优雅表演的艺术性运动。经过长时间的发展，1892 年在荷兰建立起了国际滑冰联盟。4 年后，地球上的第一次国际花样滑冰大赛正式开赛，但当时只有男子单人项目。1906 年到 1908 年期间，女子单人和双人滑项目被列入比赛中，形成现代花样滑冰项目的雏形。1924 年花样滑冰成为首届冬奥会的比赛项目。

花样滑冰虽是来自欧洲大陆的项目，但早在 1897 年就已经传入日本。就在首届冬奥会举办的两年前，1922 年日本就在国内举办了第一届花样滑冰比赛，由此可见这个项目在日本有着相当悠久的历史。

日本花样滑冰的发源地既不是东京，也不是北海道，而是位于本州东北地区的宫城县仙台市，也是日本历史上赫赫有名的战国大名伊达政宗的家乡。就在花样滑冰传入日本九十七周年之际，1994 年的 12 月 7 日，宫城县仙台市诞生了一个婴儿——那是一位足以改变日本花样滑冰，乃至世界花样滑冰的奇才。父亲希望他能保持像弓弦一样张驰有度的生活方式，因此给他起名"羽生结弦"。

"挫折会成为变强的契机。"

行事风格刻板的人，不擅长应对突发状况，一旦面临"状况外"的局面，常常容易自乱阵脚。但羽生结弦从不会被突发状况影响状态。2012 年 10 月美国站花样滑冰大奖赛，羽生结弦因为飞机在日本延迟飞行，导致抵达当地比预期晚了一天。面对如此窘境，羽生结弦表示："虽然情况很糟糕，但我完全没放在心上。"那次比赛羽生的短节目创造了历史最高分（95.07 分）

● 2019 年 3 月 24 日，在世界花样滑冰锦标赛的表演赛上，羽生结弦翩若惊鸿，婉若游龙，为观众奉献出精彩绝伦的一舞。

● 2019 年 11 月 24 日，容颜如玉，振翅欲飞，羽生结弦在札幌举办的世界花样滑冰大奖赛日本站中闪亮登场。

●冰上人如玉，公子世无双。2010年10月23日，年仅15岁的羽生结弦在花样滑冰大奖赛日本站上亮相时，宛如从漫画中走出的翩翩少年郎。

● 2018 年 2 月 25 日，在平昌冬奥会花样滑冰表演赛上，作为此届男子花滑金牌得主、卫冕冠军的羽生结弦，用一曲《星降之夜》再次令世人为之倾倒。

Y U Z U R U H A N Y U

2018 年 11 月 16 日，羽生结弦亮相于世界花样滑冰大奖赛俄罗斯站。

Y U Z U R U H A N Y U

心弦合一

绽放冰巅的羽生结弦

Yuzuru
Hanyu

发轫

心弦合一 ／ 第一章——第三章

YUZURU HANYU

1

仙台有个"天才蘑菇头"

1994 年 12 月 7 日，羽生结弦出生于日本宫城县仙台市的一个普通家庭里。父亲羽生秀利是一名刻板严厉的中学教师，母亲羽生由美是一位勤劳和善的全职家庭主妇。此外，当时羽生结弦还有一位四岁的姐姐，名叫羽生纱菱。

20 世纪 90 年代初，仙台作为日本重点开发的城市，迎来一轮发展的高潮。当时公寓、住宅、商场都在那里蓬勃兴建，作为配套设施的运动场所也随之建立，一时间遍布在仙台的各个地区，星罗棋布、鳞次栉比。

枕山临海，林木丰茂，仙台的地形资源极为丰富。从市区开车约 10 分钟就能看到丘陵、沼泽等自然风景，30 分钟就能抵达滑雪场和温泉乡，因此仙台也被人评价为"来过便念念不忘"的城市。

1998 年，姐姐羽生纱菱经常在自家附近一座购物商场里边的滑冰竞技场进行练习，作为"跟屁虫"的弟弟耳濡目染，他与滑冰结下不解之缘。当时年仅四岁的羽生结弦被启蒙教练都筑章一郎慧眼识珠，认定他是一位具备超群潜能的花样滑冰好苗子。从此羽生结弦便走上了一条前程似锦的花样滑冰之路，但其中也有许多坎坷与波折。

除了在学校学习的时间，少年时代的羽生结弦几乎每天都沉浸在花样滑冰的乐趣之中。10 岁的时候羽生结弦就在当地滑冰圈内开始崭露头角，被人称为"仙台天才蘑菇头"。

"蘑菇头"是指羽生结弦的发型，他当时为了模仿自己的偶像——俄罗斯花样滑冰选手叶甫根尼·普鲁申科，剪了相似的"蘑菇头"发型。羽生结弦说："我的目标是叶甫根尼·普鲁申科，他的表演几乎没有失误，而且富有感染力，非常厉害。"12 岁的时候，羽生结弦受邀参加在仙台体育馆举办的全日本青少年花样滑冰锦标赛，当时的参赛者大多是 13—18 岁的哥哥姐姐，但年纪较小的他却取得了第三名的好成绩。

● 2007 年 12 月，日本青少年花样滑冰
锦标赛，羽生结弦夺得铜牌。

第二章

青年时代的沉浮

（2008—2009）

崭露头角的青年才俊

2008/2009 赛季，羽生结弦由于成绩出色，正式升入青年组。2008 年的夏天，通过严格的特训后，羽生结弦掌握了"阿克塞尔三周半跳"，2008 年 11 月，年仅 13 岁的他在日本大赛上轻松夺得佳绩（铜牌）。

还是在 11 月，羽生结弦又参加了在名古屋 NGK 运动馆举办的全日本青少年花样滑冰锦标赛。此赛也是为了争夺（在 2009 年 2 月举办的）世界青少年花样滑冰锦标赛的入场券，由于只有一个参赛名额，所以只有冠军才能获得。

比赛开始，羽生结弦在短节目上跳跃接连失败，排名一度跌落至第四。此后他奋起直追，通过在自由滑上的优异表现，最终强势逆转夺冠。虽然力压群雄，拿到了唯一的青少年花样滑冰世锦赛入场券，但羽生结弦却没有因此骄傲自大，他认为自己与国外选手还存在着较大的差距。既然作为日本的唯一代表去挑战世界，那么就要更加努力提升自己，争取在世界青少年花样滑冰锦标赛上大放异彩，为祖国争得荣誉。

2008 年 12 月，羽生结弦参加了全日本花样滑冰锦标赛，这是他初次体验成人组比赛。此次盛会名将云集，上一届的领军人物浅田真央、安藤美姬等悉数到场。当时花样滑冰在日本人气空前高涨，作为举办地的长野市 Big Hat 赛场座无虚席、万众瞩目。值得一提的是，羽生结弦因为太过激动，在热身与候场时流起鼻血，这一幕也成了当时的趣谈。

羽生结弦在自由滑表演"阿克塞尔三周半跳"时，因发力不当，只旋转了一周半。虽然前半段的跳跃连续出现三次失误，

● 2007 年 12 月，日本青少年花样滑冰锦标赛，羽生结弦夺得铜牌。

台下仍然响起雷鸣般的掌声，这是现场观众对于这位花样滑冰少年送上最为由衷的鼓励。

在现场的助威下，羽生结弦也重拾信心，顺利地完成后半段的跳跃。伴随《帕格尼尼主题狂想曲》那动人心魄的旋律，羽生结弦有惊无险地完成了自由滑表演，他也初次感受到全场掌声所带来的能量。

最终羽生结弦获得这次大赛的第 8 名，以 14 岁的年纪能获得如此好的成绩的确值得夸奖，但当日的媒体焦点全部集中在织田信成和小冢崇彦那些名将的身上，丝毫没有留意这位"未来之星"。羽生结弦突然面对记者发出振聋发聩的宣言："日本只有荒川静香小姐获得过花样滑冰的奥运冠军，我要成为日本第二个获得奥运金牌的花样滑冰选手。"

这句看似年轻人的美好愿望，但已将羽生结弦逼到无路可退，唯有全身心向着奥运冠军的目标奋进。

2009 年 2 月，羽生结弦初次登上了花样滑冰的"世界级"舞台——在保加利亚首都索非亚举办的世界青少年花样滑冰锦标赛。

2 索非亚的初战未捷

索非亚是闻名世界的花园之城，这里风景秀美、树木葱茏，白色的建筑与缤纷的花草相映，显得格外的恬静优雅。

初来乍到的羽生结弦并没有心情去浏览风景，因为世界青少年花样滑冰锦标赛迫在眉睫，大战在即，必须全力以赴。

进入赛场后，羽生结弦开始模仿青年组顶级选手的练习动作，将其融入自己的热身项目。他像以往那样，先绕赛场一周，热完身后，再做拉伸和轻微的肌肉训练。然后对着镜子，从客观的角度观察、练习跳跃动作。

短节目比赛开始，羽生结弦身着一袭黑色服装劲酷登场，在一首《波莱罗舞曲》（取自电影《红磨坊》）的乐曲声中徐徐而舞。羽生结弦第一个"阿克塞尔三周半跳"起跳状态非常出色，但在随后的空中姿势却没有到位，身体开始出现倾斜。好不容易完成三周半的旋转，结果落地不稳，单手撑地结束表演，这个收场动作有点狼狈。

羽生结弦的短节目最后仅获得 58.18 分，只排在第 11 位，接下来在自由滑比赛中会被列入第 7—12 名选手组。这意味着羽生结弦将与各国的青年组精英选手展开角逐，相比之前的短节目，难度大幅提升。

自由滑赛前，大家都挤在一个狭小的空间里进行赛前准备，场面一度显得纷乱而无序。羽生结弦竭力躲避，无暇专注练习，跳跃也几乎都没能成功。在混乱的状态下进入了自由滑的比赛，羽生结弦第一个"阿克塞尔三周半跳"就不慎摔倒，但他没有放弃，站起身来，继续完成后半段的表演。当羽生结弦顺利完成自己擅长的鲍步时，赛场响起热烈的掌声，他的下腰动作比以往更完美，显得自信从容了许多。

最终，羽生结弦在自由滑项目中排名第 13，综合成绩第 12。这是一场超高水准的花滑盛会，冠军亚当·里彭与亚军迈克尔·布列兹纳都在场上成功完成 2 次"阿克塞尔三周半跳"。此外这次比赛也云集了世界一流选手，比如丹尼斯·谭。

羽生结弦说赛前没能集中注意力练习是败因之一，但不可否认的是这次他面对的那些世界级高手，实力都比他强大，正视那些差距，然后再奋起直追，羽生结弦定下了新阶段的目标。

2009 年 3 月 1 日，世界青少年花样滑冰锦标赛结束第二天，恰逢保加利亚的传统节日"三月节"。当地的少男少女们会用红白丝线编织成"三月花"，送给家人和恋人，祝福他们健康幸福。闲暇之余，羽生结弦走出酒店，放眼望去，道路两旁摆满卖"三月花"的小摊，街上到处点缀着鲜丽雅致的红白装饰。羽生结弦精心选购了几件"三月花"样式的钥匙扣和手链，将这些充满异国风情的小礼物带回去给同学与亲友们，是个不错的选择。

伴随着春寒料峭的微风，羽生结弦挑战世界青年组冠军的首个赛季落下帷幕。

● 2009 年 12 月 28 日，羽生结弦在日本
大阪圆顶球场。

第三章

职业选手的第一年（2009—2010）

成人组的初次上阵

2009 年，羽生结弦结束了 2 月的世界青年花样滑冰锦标赛征程之后，又在日本青年花样滑冰锦标赛上夺得冠军。

2009/2010 赛季开始后，羽生结弦一直顺风顺水。2010 年的 3 月，在世界青年花样滑冰锦标赛上，羽生结弦成功登顶，这也是他第一次获得世界级大赛的冠军，那时他年仅 15 岁，羽生结弦用冠军为他的青年组时代画上圆满句号。

2010 年秋，羽生结弦正式升入成人组，并与高桥大辅、无良崇人一起参加 NHK 杯（世界花样滑冰大奖赛日本站）。值得一提的是，在这次名古屋 NGK 运动馆举办的 NHK 杯中，同样备受瞩目的村上佳菜子也升入了成人组。

毫无疑问，比赛当天座无虚席，这是 2010 年温哥华冬奥会过后的首个赛季，花样滑冰的人气在日本空前高涨。

初升成人组的世界青年组冠军羽生结弦，被各大电视台和报社盛赞为"日本下一任王牌"的称号。

在第一天的短节目比赛中，羽生结弦的背景音乐选用了《天鹅湖》中的《White Legend》，随着悠扬婉转、跌宕起伏的旋律，羽生结弦的舞步圆润流畅，又坚韧有力，完美地诠释了一位在梦境中穿行的异域王子。

在接下来的自由滑比赛中，羽生结弦选用了萨拉萨蒂的《流浪者之歌》作为背景音乐。在略带伤感的吉普赛旋律中，羽生结弦御风而行，荡气回肠的小提琴独奏曲与自由奔放的舞姿交织出来的浓烈绚烂的效果，令人如痴如醉。

短节目与自由滑，两种风格迥异的舞曲编排，完美地展现出了羽生结弦的精湛技术与个人特质。

与羽生结弦一同升入成人组的村上佳菜子表现也不俗，她热情灵动的表演博得了现场观众的一致好评，在短节目夺得预赛第 2 名的佳绩，为比赛创下良好的开端。

这届 NHK 杯是羽生结弦升入成人组后的首次赛事，而且还要跟王牌高桥大辅同台竞技。本来没有太大心理压力，但是看到之前作为同龄新人的村上佳菜子的出色表现，羽生结弦也迫切期待展示更好的自己。

第二日，短节目正式开赛前，羽生结弦在心里不断复习关键点，同时在胸前划着十字，这是羽生结弦根据阿部奈奈美教练的建议而创造的动作，从进入青年组第 1 年开始一直沿用至今，主要为了让自己集中精力。

羽生结弦在短节目比赛的开场十分顺利，"阿克塞尔三周半跳"平稳落地。流畅的旋转完美展示出身体的柔韧度与线条感，动作轻柔而优雅。

由于后续发挥很稳定，最终羽生结弦的短节目成绩排在第 5 位，他对这一成绩比较满意，并开始感受到自己的表现力在提升。

● 2009 年 12 月 3 日，羽生结弦在日本东京代代木国立综合体育馆。

● 2010 年 4 月 9 日，羽生结弦在日本东京代代木国立综合体育馆。

2 首次挑战四周跳

在 NHK 杯正赛第二天的自由滑比赛中，羽生结弦首次决定尝试"后外点冰四周跳"。其实这个动作在羽生结弦日常练习中成功率并不高。在此前仙台滑冰场的日常练习时，羽生结弦是其中最顶尖的选手，周围没有选手练习四周跳，因此他从未有现场观摩四周跳的机会，只能靠自己慢慢摸索。

此时的他终于能在公开练习场合亲眼观摩高桥大辅、无良崇人等顶级选手练习四周跳的场景。不同于看视频，在现场能够近距离地感受到他们的呼吸、起跳时机、冰刀划过冰面的声音以及全身变化的细节。

于是羽生结弦模仿高桥大辅和无良崇人，尝试四周跳。经历不断的失败以后，羽生结弦模仿记忆中的动作，终于出色地完成了"后外点冰四周跳"。他难掩欣喜，甚至有些期待傍晚的正式比赛。

当晚赛场座无虚席，观众也热情高涨。比赛开始，伴着《流浪者之歌》强有力的节奏，羽生结弦在开头就出色地完成了一个四周跳。经过反复练习，羽生结弦身姿优美、动作轻盈，干净利落地完成了"后外点冰四周跳"。

羽生结弦不由地露出喜悦的表情，但是这个微笑为时尚早，因为成人组的世界级比赛没有那么简单。羽生结弦在平日练习中四周跳的成功率不高，尽管在这次比赛上出色完成，但消耗的体力超乎预想。四周跳需要动用全身的肌肉，收紧全身以抵抗离心力，非常消耗花样滑冰运动员的体力。

到了自由滑中间阶段，羽生结弦的"阿克塞尔三周半跳"尽管成功落地，但体力明显下降。后续的"勾手三周跳"落地出现失误，只旋转了一周就匆匆收尾。最后羽生结弦气喘吁吁、大汗淋漓，勉强撑完了整场比赛。

"虎头蛇尾"的自由滑比赛完成后，羽生结弦意识到了成年组的残酷，最终他的成绩排在第 4 名。

其实这次 NHK 杯赛羽生结弦不管结果如何，都有巨大收获。首先，他大胆尝试四周跳，并挑战成功，这对于羽生结弦来说就是巨大胜利。其次，首次参加成人组比赛，羽生结弦真正见识到"天外有天"，并确立了追赶的目标，这次比赛是他辉煌花滑职业生涯的一个闪亮起点。

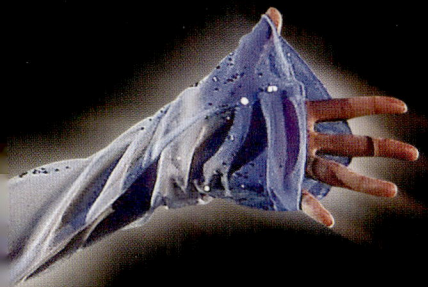

心弦合一／第四章——第六章

绽放

YUZURU HANYU

2

灾厄的失与得

（2011—2013）

大地震的冲击波

2010 年 12 月，16 岁的羽生结弦在全日本锦标赛上的成绩上升到第 4 名。2011 年 2 月，羽生结弦参加了在中国台北举行的四大洲锦标赛，并斩获银牌。此时羽生结弦将目标锁定在 2014 年的索契冬奥会上，并希望到时拿到金牌。当时羽生结弦面前还有诸多困难，比如自己学业的就读问题以及日本国内同行的激烈竞争。

就在这时，灾难发生了！ 2011 年 3 月 11 日下午 2 点 46 分，日本东部发生强烈地震，达到里氏 9.0 级。震中位于宫城县以东的太平洋海域，距离仙台市仅仅 130 公里。在这次历史第五大地震里，羽生结弦的日常练习场地遭到严重破坏。

当时羽生结弦所在的仙台市泉区滑冰场震度为 6 级，加上地势平缓，震感更强，冰面也在强震后漾起波纹。起初专注于练习的羽生结弦没有意识到地震，发现后他就直接穿着冰鞋跑到外面避难了。通常情况下运动员离开滑冰场时，都会戴上刀套，避免刮擦地面，损坏刀刃。但当时地震短短就几秒，令人猝不及防，连脱鞋、换鞋的时间都没有。

姐姐羽生纱菱在附近滑冰场打工，地震时刚好在回家的路上。母亲羽生由美在家里，而父亲羽生秀利因为工作去了外地。记挂弟弟安危的姐姐第一时间找到他，地震发生 1 小时内，羽生结弦一家三口顺利会合，大家都平安无事。

大地震造成摧毁，水电煤全部切断，超市也停业，仙台市民们没办法获取食物。加油站的石油耗尽，所有电车停运，连基本生活都成问题。所有人都去了当地小学的体育馆避难，在那里唯一能做的就是收听广播，确认当下的震灾状况。

● 2011 年 11 月 4 日，羽生结弦参加在上海举办的世界花样滑冰（中国站）大奖赛。

当时仙台的滑冰场一时半会儿无法修缮，羽生结弦也无心去想什么时候能恢复练习。

好在都筑章一郎在横滨市"神奈川滑冰场"执教，这位羽生结弦儿时的滑冰启蒙教练再次伸出援手，暂时收留了羽生结弦。2011 年 3 月 20 日，地震 10 天后，羽生结弦带着一双破冰鞋，两手空空地去了神奈川。

"神奈川滑冰场"每两小时需要用磨冰机对冰面进行打磨，然而这台机器出现了故障。而羽生结弦在地震时穿的那双滑冰鞋在避难期间已经严重损坏，磨损的部位彻底无法修复。这次强震，不仅令羽生结弦身心俱疲，连身边的滑冰工具也变得伤痕累累，不过最终他还是回到了久违的滑冰场。

由于多天没有练习，羽生结弦本以为第一天会跳不起来，多亏十几年来的训练功底，令他的身体很快进入状态。虽然"后外结环一周跳"出现了摔倒的情况，但至少"阿克塞尔三周半跳"顺利完成。经过这次大地震的磨难之后，羽生结弦打心底感激那些曾经帮助过自己的人，并更加珍惜自己最爱的滑冰事业。

2 夺得首个大奖赛冠军

羽生结弦终于从地震灾难中走出，参加了 2011 年 11 月的世界花样滑冰大奖赛（中国站）的比赛，并获得第 4 名的佳绩。同月，羽生结弦又马不停蹄地来到了大奖赛中的另一个赛场——莫斯科站。

经历 1 年的磨炼，羽生结弦这次显得异常的沉着冷静。在开场的短节目中，羽生结弦首个"后外点冰四周跳"因为落地未稳，被迫用手撑住地面。这个小小瑕疵丝毫没有影响他的状态，羽生结弦集中精力做好余下的每个动作。后来的跳跃完成得非常出色，旋转动作优美，步伐有力。

最后，羽生结弦凭借出色的表演获得了最高等级 Lv.4 的评价，他的短节目得到 82.78 分，名列第二。尽管四周跳出现了失误，但得分依然超过了上一场（中国站）的表现。

第二天在自由滑比赛上，羽生结弦依然十分专注。虽然开头的四周跳出现失误，但剩下的 7 个跳跃动作全部顺利完成。而且值得一提的是，羽生结弦在表演的途中更改了跳跃组合，显示出高超的临场应变能力。

另一方面，在短节目中位列第一的杰里米·亚伯特，在自由滑中频繁出现失误。在短节目名列第四的哈维尔·费尔南德斯则在自由滑中顺利完成了"后内结环四周跳"和"后外点冰四周跳"，展现出了自己稳定均衡的实力。

最终，杰里米短节目第一，自由滑第五，综合成绩位列第三。费尔南德斯短节目第四，自由滑第一，综合成绩位列第二。然后，出乎意料的是，短节目第二、自由滑第二的羽生结弦，以总分 241.66 的成绩夺得了冠军。仅比第二名高出 0.03 分，可以说是险胜。羽生结弦第四次参加大奖赛，就能首次夺金，除了个人努力之外，也得益于教练的优秀策略。

在颁奖台上拿到奖杯和金牌后出现了一个小插曲，那就是羽生结弦冲到阿部奈奈美教练身边，打算把金牌挂到她脖子上，谁知手里的奖杯不小心打到教练的头，两人相视莞尔一笑，露出甜蜜而又尴尬的表情。

回到酒店后，羽生结弦把金牌挂到了母亲羽生由美的脖子上。地震之后，羽生结弦感受到了全日本人民的温暖力量，还有母亲在背后的默默支持。因此羽生结弦给母亲戴上金牌深情庄重，充满着仪式感，里面蕴涵着无尽的感恩之情。

3 决战门真

门真市是大阪的卫星城，闻名世界的松下电器总部就坐落于此，第 80 届日本花样滑冰锦标赛在门真市举行。对羽生结弦来说，此战不仅是要挑战日本花样滑冰界的王牌高桥大辅，更要获得世锦赛的参赛资格。

只有在日本花样滑冰锦标赛登上领奖台，才能获得世锦赛的参赛资格。面对小塚崇彦、町田树等日本顶级选手，即便像羽生结弦这样曾经与世界六强角逐过大奖赛的选手，要想在此得到参赛资格，也绝非易事。

全日本锦标赛当天，门真市的浪速体育场座无虚席。以高桥大辅的粉丝为主的观众席上，依稀能看到支持羽生结弦的旗子。经过大奖赛的首冠，羽生结弦受到了全世界的关注，并被各媒体形容为"追赶王牌高桥的年轻 17 岁选手"。

日本锦标赛是通过分组抽签决定出场顺序，羽生结弦抽到了最后一个。这也意味着在赛前的 6 分钟练习结束后，羽生结弦要等待 30 分钟才能上场。带着忐忑的心情经历漫长的等待之后，羽生结弦终于迎来了自己的表演时间。

羽生结弦在短节目上的第一个"后外点冰四周跳"因为起跳力度不够，最后变成三周跳。相比转完四周后摔倒，三周跳的得分更低，最后只得到 74.32 分，排名第四。羽生结弦低着头，话语间流露出惋惜之情。

另一方面，高桥大辅在短节目上成功完成"四周跳＋三周跳"，最终得分 96.05，位居第一。短节目比羽生结弦高出 21.73 分，高桥那如梦似幻的表演也获得全场分贝最高的喝彩声。

第二天在自由滑的比赛中，羽生结弦除最后的"后内结环三周跳"外，其他都完成得十分出色。男子自由滑包含 8 次跳跃、4 次旋转跳跃动作，只要顺利完成 7 次，就算非常成功。但结束的瞬间，羽生结弦拍着大腿，看起来十分懊恼，因为自己出现了与上次同样的失误，不得不说是挑战高桥大辅的执念让他失去了冷静。

羽生结弦的自由滑最终获得 167.59 分，位列第一，总成绩第三，夺下了世锦赛的参赛权。

在赛后的记者会上，虽然身边站着高桥大辅，羽生结弦依然直言会努力追赶前辈的目标，并且为世锦赛做好准备。虽然羽生结弦没有明确说出是谁，但所有人都心知肚明。可惜的是在 2012 年 3 月法国尼斯举办的世界花样滑冰锦标赛上，羽生结弦依然没能如愿击败高桥大辅，两人包揽了该项赛事的银牌与铜牌，却都没有得到那枚金牌。

● 2012 年世界花样滑冰锦标赛在法国尼斯的雅典卫城宫广场举行。在 3 月 31 日（第六天最终比赛日），羽生结弦获得铜牌，陈伟群（帕特里克·陈）获得金牌，高桥大辅获得银牌。

4 终于击败高桥大辅

进入 2012 年以后，羽生结弦开启了崛起之路。首先他在世界花样滑冰大奖赛美国站的比赛中斩获银牌，虽然没有夺得冠军，但他在短节目中以一曲《巴黎散步道》征服世人，得到 95.07 分，打破了大奖赛短节目的历史评分纪录。

值得一提的是《巴黎散步道》是吉他大师盖瑞·摩尔的代表之作，其华丽清亮的音色和轻松欢快的曲风，与羽生结

● 2012 年 11 月 25 日，羽生结弦参加在利府町运动公园综合体育馆举办的世界花样滑冰大奖赛（NHK 杯）日本站，第三日的比赛。

● 2012 年 11 月 24 日，羽生结弦在世界花样滑冰大奖赛（NHK 杯）日本站的比赛中获得金牌，高桥大辅获得银牌，罗斯·迈纳获得铜牌。

弦年轻潇洒的身姿堪称绝配，此后数年间，羽生结弦凭借此曲在短节目中征服世界，并在索契冬奥运会上夺魁。

日本东北部 3.11 大地震一年后，为了让灾区的人们能从阴霾中走出，2012 年的 NHK 杯（世界花样滑冰大奖赛日本站）特别定在宫城县（3.11 地震的中心）举行。举办地设在利俯町的"综合运动公园 Grande 21"，这是一座能够容纳 7000 人的综合体育馆，来自震区的选手除了仙台市的羽生结弦外，还有爱知县的铃木明子。

作为震后重建时期的一项重大赛事，NHK 杯赛场展示了一面特殊的马赛克艺术墙，那是用一万张来自地震灾区人民（饱含感激之情的）面容照片拼接而成的，"感恩"成了这次大赛的关键词。

这次 NHK 杯比赛精彩纷呈，最大看点是羽生结弦与高桥大辅的王牌对决。

短节目比赛中，羽生以零失误的完美表演结束，用 95.32 分的成绩再次刷新由自己创造的短节目世界纪录。在等分区，羽生结弦不再压抑内心的喜悦，笑容满面地朝观众席挥起手来。能在家乡父老面前刷新纪录，让他非常开心。

短节目高桥大辅位列第 2 名，仅落后羽生结弦 7.85 分。如果羽生结弦在自由滑上出现失误，高桥大辅有很大希望逆转局面。自由滑比赛中，羽生结弦顺利完成了"后外点冰四周跳"，剩下的跳跃动作发挥得也十分稳定，但最后做勾手跳时不慎摔倒。羽生结弦快速旋转身体，以手撑地，最后在体力耗尽的状态下，苦笑着做了收尾动作。即便如此，羽生结弦还是完成了 2 次四周跳，没有重复之前的失误。最终他的自由滑得分 165.71，以总分 261.03 的成绩创造自己的新高，并一举夺得冠军。这是羽生结弦首次打败高桥大辅，并顺利晋级了在索契举办的世界花样滑冰大奖赛总决赛。

● 2012 年 11 月 24 日，羽生结弦在世界花样滑冰大奖赛（NHK 杯）日本站第二日的比赛。

5 新老王牌的交替

2012年12月，世界花样滑冰大奖赛总决赛如期举行，六名参赛选手，日本就占了四人。在这次大赛中，高桥大辅斩获金牌，羽生结弦夺得银牌，日本花样滑冰已达到世界巅峰，这次盛会就是最好的见证。

由此可见，接下来的2012年日本花样滑冰锦标赛已经是具备世界级水平的大赛，这也是决定日本花滑第一人的舞台。

赛场定在札幌市的"真驹内屋内竞技场"，这是一座曾承办过1972年札幌冬季奥运会闭幕式的体育馆。四十年过去，这里仍然保留着原来的风貌。比赛日的当天，札幌下起了鹅毛大雪，洁白的雪花漫天飘洒，一片银装素裹的世界。

在短节目的比赛中，羽生结弦沿用了之前曾两次刷新短节目世界纪录的曲目——《巴黎散步道》，最终以97.68分的成绩刷新了国内纪录。反观高桥大辅则因为四周跳出现失误，最终在短节目比赛中落后羽生结弦9.64分。

在自由滑比赛上，高桥大辅发挥平稳。开头轻盈利落地完成了一个四周跳，接着第二个四周跳也完美落地，伴着《小丑》的旋律，将赛场带入高潮。平日很少表露好胜心的高桥大辅此时迸发全力，似乎还不愿花滑王冠旁落。

最终，高桥大辅饱含感情的自由滑表演获得192.36分，总得分280.40，这是非常符合王牌实力的一个分数。现场观众们欣赏完高桥大辅的表演后，为他送去充满敬意的掌声。在这种氛围下，羽生结弦迎来了自己的自由滑表演时刻。

开头的"后外点冰四周跳"和"后内结环四周跳"稍有瑕疵，但剩下的跳跃动作全部顺利完成，而且表演技艺丝毫不输高桥大辅。但这毕竟是争夺日本冠军头衔的一战，四周跳没能达到完美，让羽生结弦非常懊悔。

羽生结弦的自由滑最终得分187.55，排名在高桥大辅之后，屈居自由滑第二，但羽生结弦在之前短节目得分较高，最终总得分为285.23，还是超过高桥大辅顺利夺冠。

获胜之余的羽生结弦留有遗憾，他希望自由滑也能得到第一，这才不枉冠军之名。

羽生结弦终于拿到了日本花样滑冰锦标赛的金牌，完成了新老王者权杖的交接。在记者会上，羽生结弦的脸上没有笑容，此次夺冠意味着，今后他这位只有18岁的年轻人要肩负起前辈那样的职责。

羽生结弦拿着金牌和奖状，离开赛场，踩着积雪的草丛，朝着选手休息室所在的大楼徐徐而行。激动人心的2012年即将落下帷幕，羽生结弦决定在岁末年终留在仙台，与家人团聚，一起迎接新的一年。

要把独属于仙台的颜色展现给世人

"上一年世锦赛的结束，就是奥运会的开始。"这是教练布莱恩·奥瑟对羽生结弦说过的话，也是奥瑟的老师道格·李的口头禅，这也是一句花样滑冰界的至理名言，而这时 2014 年索契冬奥会的脚步也悄然临近。

2013 年伊始，羽生结弦参加了四大洲花样滑冰锦标赛，获得第二名。随后他参加了 2012/2013 赛季的世界花样滑冰锦标赛，在负伤的情况下撑过了此届世锦赛，但因为带伤上阵，痛感加重，他需要尽快回国，接受详细检查。

所幸检查结果只是肌腱炎，后遗症没有持续太长时间。伤势痊愈后，羽生结弦很快便投入到了冬奥会的赛前备战中。这次冬奥会背负了众多人的期待，以前为了获得成长，羽生结弦会选择自己不擅长的曲目，但面对四年一度的冬奥会，必须要展示自己最擅长的作品。而至于战术安排，羽生结弦完全可以交由赛场经验丰富的奥瑟教练。

短节目《巴黎散步道》是羽生结弦完成度最高的作品，上个赛季凭借该作品两次刷新世界纪录。除了表现力外，这首曲子的节奏更适于做跳跃动作。经过协商，最后决定冬奥会的短节目配乐仍沿用《巴黎散步道》，动作稍作更改。

短节目相对轻松确定后，羽生结弦将重点放在冬奥会的自由滑，他决定选用（1968 年版）电影《罗密欧与朱丽叶》的主题曲作为背景音乐。这首由尼诺·罗塔作曲的小提琴配乐，如泣如诉，将爱情的缠绵悲怆演绎到了极致。

2012 年，羽生结弦曾凭借《罗密欧与朱丽叶》（1996 年版）夺得世锦赛的铜牌，那首曲子已为人们所熟知，于是这次他决定选用同名电影不同版本的主题曲作为配乐。

羽生结弦说："在地震后的那个赛季上演绎的《罗密欧与朱丽叶》是一个在众多人帮助下完成的作品。对于我来说，

● 2013 年 3 月 15 日，世界花样滑冰锦标赛，羽生结弦在加拿大的约翰·拉巴特中心体育馆中比赛。

这是一个陪伴我走出地震阴霾的作品。所以我决定采用同名电影不同版本的主题曲作为配乐，借此找到相似的情感。"

由莱昂纳多·迪卡普里奥主演的《罗密欧与朱丽叶》电影配乐，经过羽生结弦的激情演绎，将命运的残酷与现实的抗争诠释得淋漓尽致。乐曲激昂奔放、恢弘绚丽，羽生结弦在华丽灿烂的乐曲中凌波飞旋、御风穿行，将坚强不屈的人性光辉表现得淋漓尽致，那其中也蕴涵着震区人民战胜天灾的一种无声宣言。

2013 年 8 月上旬的某一天，羽生结弦在仙台当地的滑冰场进行公开练习之后，回到酒店房间在阳台上凭栏远眺，一片郁郁葱葱的景色令他陶醉，这是家乡最为迷人的季节。

远处仙台那茂密的森林，呈现一抹以榉树和枫树为主体的深绿，深深镌刻在羽生结弦的记忆里，那是独属于仙台的颜色。

索契冬奥会一开始，没有时间再回仙台，羽生结弦想把这片绿深深印在自己的脑海里。他又回想起了发生日本东部大地震的那个赛季，各种回忆纷至沓来，让他联想到了《罗密欧与朱丽叶》，于是羽生结弦把这首曲子定为征战奥运会的自由滑曲目，以便将震后家乡的那些真情实感传达给全世界。

"越是困难，越得拼尽全力。一年前的《罗密欧与朱丽叶》是在地震后的那个赛季中创作的作品，我也是拖着伤痕累累的身体，完成那次表演。在世锦赛短节目虽然只排在第 7 名，但至少我把内心的那份坚强演绎了出来，那是一段不可磨灭的回忆。表演不是为了取悦别人，最终还是要表达自己的感情，让观众从中感受到一些东西。"羽生结弦继续说道，"我从小就梦想着有一天能参加冬季奥运会，为了实现这个梦想奋斗到今天。"

当微风掠过阳台，羽生结弦那沉浸在家乡美景中的思绪也渐渐淡去，他突然意识到 2013 年仙台那悠然恬静的夏天即将结束，2014 年冬奥会的脚步越来越近了……

● 2013 年 10 月 27 日，羽生结弦参加了在圣约翰市 TD 站体育馆
举行的花样滑冰大奖赛（加拿大站）的比赛。

● 2013 年 12 月 6 日，2013/2014 赛季花样滑冰大奖赛总决赛，羽生结弦以 293.25 分的总成绩夺得金牌。12 月 8 日，羽生结弦夺得金牌后，再次倾情一舞。

2 赢得索契冬奥会金牌

　　2013/2014 赛季恰逢冬奥会，羽生结弦选择两场大奖赛（加拿大站、法国站）作为热身，均获得第二名。成绩不温不火，是因为羽生结弦将体内的力量全部积攒到了年末。

　　2013 年 12 月，日本福冈县举办世界花样滑冰大奖赛总决赛，羽生结弦在家乡父老面前获得冠军。在短节目比赛中又一次刷新世界纪录，得到了 99.84 分。同月羽生结弦还参加了日本花样滑冰锦标赛，再次获得冠军。值得一提的是羽生结弦这次的短节目得到了惊人的 103.1 分，可惜的是，由于这次是地区性质的比赛，所以并未纳入正式纪录。尽管如此，羽生结弦还是以两连胜的强者姿态迎来 2014 年的索契冬奥会。

　　2014 年 2 月 7 日，第 22 届冬奥会正式在索契拉开帷幕，这座黑海之滨的度假名城一时间云集了世界上所有冰雪运动的高手。作为冬季盛宴的"主菜"——花样滑冰比赛，更是举世瞩目，万众期待，而却姗姗来迟。

　　2014 年 2 月 13 日，花样滑冰男子短节目的比赛终于开始。比赛当天，黑海沿岸阴云密布，奥运会短节目的登场顺

● 2014 年 2 月 6 日，索契冬奥会花样滑冰团体赛的第一个比赛日，羽生结弦携队友亮相于俄罗斯索契市的冰山滑冰宫。

● 2014年2月6日，索契冬奥会花样滑冰团体赛第一个比赛日。

序要通过"抽签"的方式决定，羽生结弦抽到了19号，这令他有了充足的时间来准备比赛，当然这也是一种煎熬。

在充分热身后，羽生结弦带着轻松的表情开始《巴黎散步道》的表演。在吉他大师盖瑞·摩尔那清亮悠远的旋律声中，羽生结弦潇洒自如地在场中游戈，不急不徐。捻转步、接环步、内勾步、外勾步、括弧步、刀齿步、夏塞步、莫霍克步、摇滚步……他在动作衔接中融入繁复多变的步伐，却结合得自然巧妙，妙趣天成。而前半段的"后外点冰四周跳"，以及后半段出现的"勾手三周跳"接"前外点冰三周跳"，都完成得十分完美。

《巴黎散步道》这套短节目的动作编排属于顶级水准，羽生结弦的表演与音乐结合得天衣无缝，此前他凭借此曲多次刷新短节目的评分纪录。在索契冬奥会上，羽生结弦在这套动作细的节上显然比之前在总决赛上打磨得更好。

羽生结弦在赛场上化身成摇滚精灵，完美诠释了音乐的真谛。他塑造的人物形象更饱满、情绪更高涨。当他潇洒流畅地完成所有动作，最后以右手指向天空的帅气姿势利落收尾时，眼神中充满着无限的自信与兴奋之情，现场立即爆发出雷鸣般的掌声。

● 2014 年 2 月 13 日，索契冬奥会花样滑冰男单短节目比赛，羽生结弦以创世界纪录的 101.45 分，排名第一。

● 2014 年 2 月 14 日，索契冬奥会花样滑冰团男单自由滑，羽生结弦得到 178.64 分，以总分 280.09 夺得索契冬奥会花样滑冰男单金牌，19 岁的羽生结弦也成为最年轻的花样滑冰男单奥运金牌得主。

101.45 分！短节目有史以来的最高分，也是短节目第一次评分过百，而这样的奇迹恰恰发生在奥运这样的盛会上。作为奇迹缔造者的羽生结弦激动地做了个必胜的手势，他成了史上首个超越 100 分的短节目选手。

羽生结弦的老对手，陈伟群（帕特里克·陈）在做"阿克塞尔三周跳"时落地不稳，短节目出现一次失误。下场后，陈伟群看到自己 97.52 的分数后，只有遗憾地苦笑，同时还没有忘记称赞羽生结弦。

陈伟群短节目成绩只比羽生结弦落后 3.93 分，在以表演为主的自由滑项目中，被对方逆袭的可能性非常大，因为双方实力不分伯仲。在短节目后的记者见面会上，陈伟群故意搬出温哥华奥运会，以强调自身的成功经验。羽生结弦则直接提到陈伟群对于自己成长的影响。整个记者见面会充满了剑拔弩张的氛围，结束后已是凌晨 1 点。

当羽生结弦拖着疲惫的身体离开赛场，回到选手村的宿舍收拾完毕准备上床时，已是凌晨 3 点。第二天上午 10 点开始就要进行公开练习，算上热身的时间，8 点就得离开选手村。这次奥运会在赛事时间的安排方面并不理想，四年一度的比赛，所有花样滑冰选手都要在这两天赌上自己的人生，但紧凑的时间安排，令选手很难发挥出最佳水平。

2014 年 2 月 14 日，羽生结弦出战自由滑比赛，背景音乐为（1968 年版）电影《罗密欧与朱丽叶》的主题曲。虽然羽生结弦开场不久尝试四周跳时不慎跌倒，但瑕不掩瑜，此后他渐入佳境，顶住了压力，以精彩的表演得到 178.64 分，比陈伟群高出 0.54 分。虽然有 2 分的减分，但在技术评分方面却是全场最高，最终羽生结弦以总分 280.09 获得了自己职

● 2014年2月14日，索契冬奥会，羽生结弦以总分280.09夺得花样滑冰男单金牌。加拿大华裔名将陈伟群（左）以总分275.62获得银牌，哈萨克斯坦选手丹尼斯·谭（右）以总分255.10获得铜牌。

业生涯中的首个奥运冠军，在遥远的索契实现了儿时的梦想。

自此羽生结弦成为继荒川静香（2006都灵冬奥会女子花样滑冰冠军）之后，日本第二位获得奥运金牌的花样滑冰选手。值得一提的是，年仅19岁的羽生结弦也成为66年来最年轻的男子花样滑冰奥运金牌得主，以及亚洲首位冬奥会男子单人滑冠军。

13 "羽生热潮"带来幸福的烦恼

羽生结弦在奥运夺金回国后，日本举国欢腾，随之而来的是空前的"羽生热潮"。

在冬奥会期间，在索契每天被记者围着尚且可以理解，而回国后羽生结弦突然发现自己似乎成了偶像般的存在，这让他颇为惊讶。结束最低限制的公开活动后，羽生结弦匆忙回到了多伦多，以便在异国他乡集中精力练习。

2014 年 3 月，羽生结弦以奥运冠军身份参加了在"埼玉超级竞技场"举行的世界花样滑冰锦标赛，毫无悬念，门票被提前一抢而空，其中大部分现场观众都是为了一睹羽生结弦的风采。大家超乎以往的热情让羽生结弦斗志倍增，同时也增添了一些烦恼，那就是在日本他没办法一个人上街，这种火热的明星状态无形地打乱了羽生原本宁静的生活。

赛前练习期间，羽生结弦每完成一次跳跃，观众席便传来热烈的欢呼声，他意识到，自己受到了前所未有的关注。

世锦赛正式的短节目比赛中，羽生结弦的"后外点冰四周跳"罕见地出现了旋转次数不够不慎摔倒的情况，最终只得到 91.24 分，排名第三，拿手的跳跃动作意外地失误，这令他之后的比赛压力陡然加大。

羽生结弦在短节目比第一名的町田树落后 7 分，以第三名的身份参加记者见面会的时候，羽生结弦毫不掩饰地表达了对于自己不满的情绪。在自由滑比赛的早晨，羽生结弦进行赛前练习，每当四周跳出现失误，他就会用 Ipad 录下来，然后仔细研究自己的动作。比赛的当天，他就这样忘我地在赛场上练习着。

自由滑正式开赛后，羽生结弦出色地完成了"后内结环四周跳"和"后外点冰四周跳"，乘着这股气势，最后以零失误的表现完成了整场表演。每完成一次跳跃，现场便响起雷鸣般的掌声，在观众的鼓励下，羽生结弦充满了干劲。等表演结束后，他感慨万千地跪坐在了赛场上，等看到显示"第一名"后，才高举双手跳了起来。最终，羽生结弦以领先町田 0.33 分的成绩夺冠。

索契冬奥会期间，羽生结弦一直告诫自己要"保持平常心""像平时一样"，不能被奥运会的环境所影响。但归根结底，羽生结弦的力量源泉还是斗志。比赛的最后，他再次回归初心。

"对于接下来的平昌奥运会，我必须要做点什么，我非常喜欢滑冰，也很热爱跳跃，我只是在做自己喜欢的事情，我希望自己能走得更远。"在一个巅峰之上，羽生结弦不断激励自己。

从 2010 年到 2014 年，羽生结弦度过了闪耀着金色光辉的 4 年，现在终于画上了句号。

接下来是下一个新的 4 年，一个新的奥运周期徐徐展开。

● 2014 年 4 月 26 日，羽生结弦首次夺得奥运金牌之后衣锦还乡，家乡仙台市为他举行庆功游行活动，无数粉丝聚集于此，热浪引爆全城。

"血色魅影"之后的羽生结弦

2014年11月8日，世界花样滑冰大奖赛中国站的第二天，羽生结弦在自由滑比赛前的热身时意外与其他选手相撞，下颌被划破，头部也撞到冰面，顿时血流如流，一时间无法站起。但羽生结弦重伤不下火线，经过简单包扎后，毅然披挂上阵，并留下那句掷地有声的名言："没问题，我到死也要滑。"

于是，在自由滑的比赛中，羽生结弦头缠绷带，坚毅不屈，化身与残酷命运抗争的斗士。由于余伤未愈，羽生结弦在表演中五次跌倒，而又五次爬起，用生命而舞，顽强地完成了一曲《歌剧魅影》。赛后他抱头痛哭，留下（因伤没有发挥出最高水准而懊悔的）泪水，现场所有人都为这位花滑之王送上热烈诚挚、饱含敬意的掌声。

那一幕冰与血的交融，泪与伤的羁绊，都令人铭记终生。"血色魅影"成为闪耀在羽生结弦职业生涯的一抹亮色。

相撞事故发生后羽生结弦进行复健治疗，并在2014年12月全日本锦标赛后进行住院手术，之后他又在2015年3月举行的世锦赛前扭伤脚踝，可谓是意外接连不断。

在此期间，羽生结弦的成绩不佳。对于状态低迷，通常来说选手应该放松调养，但羽生结弦依然控制了自己的情绪，始终保持着对胜利的执着和渴望。他拥有取胜的强烈信念，只考虑如何带来更好的表演。

在中国杯的冲撞事故发生前，羽生结弦的核心问题是"作为奥运冠军，在面对下个赛季时该保持怎样的心态"。他

● 2014 年 12 月 27 日，羽生结弦出战在长野举办的 2014 年（第 83 届）
全日本花样滑冰锦标赛。

积极倾听布莱恩·奥瑟教练的指导，认真调整每场比赛的精神状态，努力去寻找"答案"……

　　羽生结弦尝试通过听音乐来调整自己的状态，如果是常规手段做不到的，则就需要外力进行调节，他认为调节状态对于比赛至关重要。比如他在 2014 年 11 月的日本站大奖赛因为调整失败只获得第四名；2014 年 11 月 12 日的大奖赛总决赛他调整成功，斩获金牌。羽生结弦也将这种优秀的状态延续到日本花样滑冰锦标赛，再次获得冠军。

　　心理上的提升能够提高选手的稳定度，但是称霸银色舞台所必需的关键还有技术。为了迎接新赛季，羽生结弦在 2015 年 5 月展开行动。在进行了一些冰上表演以后，为了完成自由滑的新编舞，他动身前往多伦多。

　　多伦多滑冰练习场的墙壁进行了重新装修，在上面挂着从这个滑冰场走出的历代花滑选手所夺得的奖牌。在羽生结弦的 2014 年奥运冠军、2014 年世界冠军后面，又加上了哈维尔·费尔南德斯 2015 年世界花样滑冰锦标赛冠军的奖牌。羽生结弦每天都会看着那个奖牌进行训练，将不甘心化为前进的动力。

　　羽生结弦终于度过了艰难的 2014/2015 赛季，他期待在下个赛季能迎来身体与精神完美统一的表演瞬间。此时他走在通往多伦多滑冰场的林荫道上，欣喜地发现周围的树木已经郁郁葱葱，到处充满着生机勃勃的景象。

●2015 年 4 月 17 日，羽生结弦出战在日本东京举办的 2015 年世界花样滑冰团体锦标赛。

突破自由滑禁锢的《晴明》

面向 2015/2016 新赛季，羽生结弦做出了选择，短节目继续用以前的动作，而自由滑进行了新的动作编排。按照短节目的音乐——肖邦的《第一叙事曲》，羽生结弦和编舞师一起重新研究演练了一遍动作。

现实中，像歌剧和音乐剧等有剧情的曲子更容易表现，因为在这些曲子中，针对喜怒哀乐的音乐情感都很明显。然而《第一叙事曲》所表达的主题并不明显，即便是在钢琴曲中，也只是一首以音色动听为特点的曲子。羽生结弦想要正面挑战表现它，需要用顶级艺术家的角度进行深入探索，用唯美舞蹈家的技巧进行细腻阐述。

想要表演好这首曲子，需要在滑冰、姿势、手脚的动作、脸部的朝向等各方面都做到极致表现。正因为动作简单，表演起来才复杂。羽生结弦却认为比起技术的熟练度，让自己的情绪充分释放才更关键，舞蹈动作必须要被情绪支配。

关于跳跃动作的编排，他决定挑战在上个赛季中国站受伤前就计划好的"后半段的四周跳"。

"后半段的四周跳"的动作，也许有人会说短节目时间比较短，表演时会轻松一点，其实并非如此。呼吸和脚上动作如果不能协调同步，会让身体陷入缺氧状态，同时也会积累疲劳。所以羽生结弦要强化训练，进一步适应《第一叙事曲》的节奏与韵律才行。

羽生结弦每天都和编舞师杰佛瑞·布特尔一起改进动作，奥瑟教练见证了这一切，他的亲身感受是这套动作能冲击 105 到 106 分。当时羽生结弦在索契冬奥会上的短节目成绩是 101.45 分，过了两个赛季都没能被打破，一直作为世界纪录保持着，奥瑟教练认为能打破这个短节目的得分纪录的只有羽生结弦。

另一方面，新的自由滑编舞按照羽生结弦的意愿选择了曲子。羽生结弦也想通过新的挑战来扩宽自己，听了各种曲子尝试后，最终觉得还是"和风"（日本风格）曲子更好。在与大河剧的曲子进行比较后，羽生结弦希望国外观众也能听得明白，于是他选择了电影《阴阳师》的同名主题曲，这部电影因为发行过英文版而被世界熟知。

电影《阴阳师》是以平安时代为舞台，讲述阴阳师安倍晴明，运用自己智慧与高超法术，驱鬼除怪，解决难题的故事。这部电影主题曲将日本风情与奇幻风格融为一体，描绘了一个优雅而又充满张力的世界。

选用《阴阳师》的节目名没有直接用《Onmyoji》，羽生结弦亲自给它取名为《SEIMEI》（晴明）。故意使用罗马字是因为这个名称不仅仅表示安倍晴明，还包含了更多意思。曲子的主题很可能是羽生结弦当时的写照，他最终决定了这个名字，似乎会带来好运。这首曲子充满了日本的细腻与优雅风格，这首曲子仿佛也表达了羽生结弦对比赛的信心。

《SEIMEI》曲子已敲定，在编舞方面，羽生结弦依然找到了上赛季自由滑《歌剧院怪人》的创作者谢琳·伯恩，伯

● 2015 年 4 月 15 日，2015 年世界花样滑冰团体锦标赛在日本东京举行，4 月 19 日，羽生结弦盛装出战第 4 日的比赛。

恩很喜欢这首充满东方风情的曲子，还陪伴羽生结弦一起观看了日本传统舞台剧的视频。

既然要表现平安时代的风格，那么就应该从日本传统的能乐和狂言（日本传统艺术形式，二者结合在一起，而狂言穿插在能剧之间，是突出即兴表演的简短笑剧）中汲取些内容，日本的传统舞台与滑冰有很多共通之处，如果能做到这一点，就能很好地表现这首曲子。

羽生结弦找外国人编舞也是另有目的，如果找日本的编舞师，动作会更贴近日本风格。但这毕竟是花样滑冰，过于本土化也不太适合。因为裁判不仅有国外的，还有外国粉丝也会观看。通过找外国的编舞师，能把这种日本的元素转化为更具国际化的表达。

重新编排的内容比之前更注重静与动的对比，张弛有度。维持低重心的贴冰滑行给人留下厚重感的印象，柔软的下腰鲍步又展现出优雅。羽生结弦曾说自己的身材与动作，很适合将"和风"推上世界的舞台。

曲目与编舞之后，就是服装。服装以唐草纹刺绣的和服风格布料为基础，以平安时代的狩衣为原型制作完成，力求接近电影《阴阳师》的设计。

羽生结弦也重新编排了跳跃动作，以便挑战最高难度——开场后"内结环四周跳"，外加"后外点冰四周跳"，然后在"后半段加入四周跳"的连续跳，共计 3 个四周跳，这组动作是上个赛季就策划编排好的。

2015 年 8 月上旬，羽生结弦在多伦多举行了面向媒体的公开练习，来自日本的电视台、报纸和杂志社等 50 多名记者，对他进行为期一天的练习拍摄和采访。除了询问那些关于"对新赛季的展望"和"新挑战"等问题，媒体还尖锐地指出羽生结弦因为上个赛季发生了意外，导致短节目没有变化。

其实对于顶级花滑选手来说，从跳跃的种类和编排这个层面来说，都已经处于"顶点"状态，每年都提升的情况是很少见的。然而对媒体来说，他们想要得到选手摆出力求提升的积极性，羽生结弦则提出自己将会"进化"。

新赛季是复活，还是进化？一时难以说清楚，但 2015/2016 赛季羽生结弦的首战已近在眼前。

冰巅

心弦合二／第七章—第十章

YUZURU HANYU

3

通往冠军之路

（2015—2016）

经典赛的金牌只是起点

2015/2016 赛季开启，羽生结弦的首战是"加拿大秋季经典赛"。此次比赛在巴里举行，这座小城距离多伦多不远，这里四面环湖，风景宜人，由红转黄的枫树满山遍野，似乎在宣告安大略省的秋天已经到来。

2015 年 10 月 14 日，短节目比赛在巴里如期举行。在早上短节目的赛前练习中，羽生结弦尝试了几次"后外点冰四周跳"，全部成功。然而比赛开始，伴随着肖邦的《第一叙事曲》，羽生结弦在按计划进行到后半段的"后外点冰四周跳"时，却没能保持好平衡，落地时往外侧滑，所幸安然无恙。

当羽生结弦坐在等分区时，心中没有了自信。这套动作从去年到现在一直反复练习，还是没能做到零失误，可见比赛中充满不可预见性，那是平时练习所不能解决的。最后画面显示 93.14 分，比自己的最好成绩低了大约 8 分。

后半段的四周跳发挥得不够完美让羽生结弦内心忐忑不安，这意味着这套动作不管是精神还是技术层面，都存在很大的隐患。面对记者，羽生结弦说："那些问题只要在比赛中出现过一次就不会担心了，我想在比赛中多挑战几次。"

第二天，羽生结弦迎来了自由滑的比赛。为此他在早上带曲练习，前半段的两个四周跳都轻松完成了，但后半段的四周跳却变成了一周跳。后面的跳跃动作也出现了失误，显然是带曲练习过程中出现了注意力分散的情况。

羽生结弦几乎把练习当成比赛，十分珍惜这些给他积累宝贵经验的机会。通过反复揣摩，他了解清楚了四周跳变一周跳的原由。

自由滑比赛开始，羽生结弦轻松完成开场的"后内结环四周跳"，然而在后半段转完四周跳时跌倒。尽管有些瑕疵，但并没有出现赛前练习时的失误，这也是一种进步。

羽生结弦最终总分为 277.19，以比第二名阮南多 36 分的巨大优势毫无争议地夺得冠军。由于这次比赛并没有其他顶尖选手参加，获胜本身并不代表什么，这点羽生结弦本人是最清楚的。

即便如此，当胸口挂上本赛季第一块金牌时，羽生结弦还是面向观众席，环场微笑着挥手致意，并多次深深地鞠躬。在这个只有 200 个观众的小会场，九成都是千里迢迢从日本赶过来支持他的粉丝。

在接受电视台的采访时，羽生结弦虽然十分疲惫，但还是露出会心的微笑，整个人都流露出了首战告捷的愉悦与安心感。

● 2015 年 4 月 17 日，世界花样滑冰团体锦标赛，羽生结弦参加男单自由滑的比赛。

2 "无失误"与"平常心"

2015 年 10 月 30 日，世界花样滑冰大奖赛第一站在加拿大中部城市莱斯布里奇开幕。

这次赛事对羽生结弦来说，不仅仅是今年大奖赛的第一场比赛，更是时隔两个赛季后，和陈伟群的再次对战。陈伟群休养一年后，也选择了花样滑冰大奖赛加拿大站作为自己的回归赛。

秋季经典赛时，羽生结弦在短节目和自由滑后半段的四周跳接连发生失误。在这种充满着不确定因素的情况下，还要与陈伟群对战，可谓"压力山大"。羽生结弦不知如何控制精神状态，然而比赛已迫在眉睫。

短节目比赛当天，加拿大阳光明媚、风和日丽，一派祥和温煦的景象。率先出场的陈伟群虽然成功完成了四周跳，却在后面的跳跃中出现了失误，最终得分只有 80.81。

羽生结弦有些急躁，无法专注于比赛，前半段表演出现了前所未有的散漫。后半段的"后外点冰四周跳"变成了"后外点冰二周跳"。另外，"三周跳 + 三周跳"的连续跳跃也因为勾手跳落地不稳，只能改为"三周跳 + 二周跳"。

表演结束，羽生结弦露出遗憾的表情，那一刻，从他身上感受不到任何的王者气势。

羽生结弦短节目得分是 73.25 分，比自己的最好成绩低了近 30 分，当播报排名他是全场第六时，会场一片哗然。本季度连续三次在后半段发生四周跳的失误，令羽生结弦深陷自责，根本没工夫去在意得分的多少。

当晚，羽生结弦重看了自己的比赛视频，听取了周围人的意见，考虑了所有的对策。从客观的角度来看，他的状态并不是很差。分数低的原因，仅仅是因为从规则上来说，跳了两次二周跳，所以分数上不去了。如果光看动作编排分的话，还是第一。也就是说，因为动作没有做到位，所以得分较低。羽生结弦积极思考，努力调整状态去应对下一场比赛。

第二天自由滑比赛，与昨天的风和日丽截然不同，莱斯布里奇刮起大风，北美荒野特有的旋风卷起尘埃，遮天蔽日。羽生结弦参加完赛前练习，积极调整好自己的身心状态。他觉得在短节目时过于追求"不失误"，没有专注地做好每个动作，是他失误的主因。自己还是要回归平常心，训练中怎么做，比赛中就怎么做。

在比赛前的六分钟练习中，羽生结弦做开场的"后内结环四周跳"时摔倒了。这个动作在秋季经典赛和平时的训练中都成功了，这次失误让他在大战之前又产生了焦虑。

要保持着一颗"和训练一样"的平常心以及"战必胜"的气势来迎接比赛，这两者宛如人生信条般根植于羽生结弦的心中。两者之间如果能二者统一，这对于参加这场加拿大站比赛的羽生结弦来说才是最好的。

　　羽生结弦在自由滑与之前的短节目时相比简直判若两人，充满气势。开场的两种四周跳都很完美，后半段的四周跳也只在落地时手轻点了一下，但他控制住了。羽生结弦的自由滑技术基础分是 73.25，比陈伟群少 13.58 分。羽生结弦的自由滑最终得分是 186.29，总分共计 259.54。

　　羽生结弦奋起直追，从短节目时的第六名一路逆袭，最终获得花样滑冰大奖赛加拿大站的银牌。

　　在总结此届比赛的得与失时，羽生结弦发现：由于此前过于追求"不失误"的想法，才导致短节目比自由滑的成绩相差很多。

　　羽生结弦在短节目时非常渴望"不失误"，自由滑时想着"和训练一样"去做。追求"无失误"还是和训练一样的"平常心"，两种不同心态会极大地左右比赛表现。羽生结弦发现要在比赛中发挥出自己的全部实力，就要保持自信从容的"平常心"。

　　困惑消弭以后，羽生结弦露出了久违的花样少年般纯真笑容，那一刻，他仿佛又回到了那个激烈的 2014/2015 赛季前，应该说是在索契冬奥会前，那位全身充满冒险精神的少年。

　　第二天，表演赛结束时，莱斯布里奇上空出现了两道巨大的彩虹。从地平线一端到另一端的 180 度，是"完美的"彩虹。如果再配上 NHK 杯的那首《彩虹彼岸》的话，就更完美了，羽生结弦决定将"这两道完美印记"留在心中，然后翩然离开了赛场。

3 我只想变得更强

花样滑冰大奖赛加拿大站结束后，羽生结弦来到了多伦多。此时距离 NHK 杯还有三周时间，下个需要解决的问题是什么？他开始重新审视自己。

羽生结弦首先分析了加拿大站上的得分表，出现失误的短节目另当别论，即便是在表现出色的自由滑，陈伟群的得分还是要高于自己，此时羽生结弦内心涌现出澎湃的斗志。

怎么做才能提高自己的得分呢？为什么陈伟群的得分能那么高？羽生结弦进行了认真的思考。经过缜密地思索，羽生结弦觉得陈伟群厉害之处还是在于能干净利索地完成所有动作。

就算只是简单的三周跳动作编排，在比赛一局定输赢的紧张状况下，想要做到完美也是很困难的。就算没有高难度的动作，陈伟群也能通过自己的控制，发挥出全部实力，夺得高分，这就是他高于常人的地方。

在自由滑中，羽生结弦坚持选择了"和风"节目《晴明》，这首曲子的动作编排还有很大的提升空间。如何更好地表现日本风格、如何让自己和编曲更协调都还是未知数，羽生结弦认为自己还有很多要改进的地方。

他当时只有一个想法，那就是渴望变得更强。

满腔的热血让他仿佛变回到了两年前那个一直追寻着陈伟群背影的 18 岁少年。

羽生结弦下定决心："我要变得更强，成为无人能超越的冠军。"

● 2015 年 11 月 27 日，世界花样滑冰大奖赛日本站的第一天，羽生结弦惊艳亮相。

4 新王登基的 NHK 杯

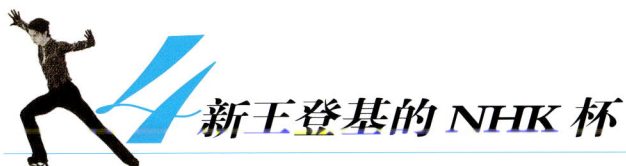

终于到了 NHK 杯的前夜，比赛场地是在 1998 年长野冬奥会作为冰球会场使用的"BIG HAT"。长野市这座小小的城市，一时间挤满了羽生结弦和浅田真央的粉丝。比赛前一天的记者见面会，羽生结弦从容不迫地面对众多记者，表明了自己想要挑战两个四周跳的决心。

2015 年 11 月 27 日，短节目比赛。羽生结弦在开场的"后内结环四周跳"顺利完成后，一鼓作气顺利地完成了"后外点冰四周跳"与"后外点冰三周跳"，行云流水，一气呵成。

羽生结弦在后半段的三周半跳也成功完成，在全场的热烈欢呼声中，他稳稳地用脚背点地作为收尾。

伴随着肖邦《第一叙事曲》最后的高速半音阶演奏，全场观众都站起身来，而羽生结弦则沉浸在钢琴曲的强劲余韵中。完美的表演，106.33 高分，羽生结弦更新了由自己保持的 101.45 分的短节目世界纪录。

挑战的"目标"越高，就越能感受到快乐，这就是羽生结弦的动力源泉。

在记者见面会最后，羽生结弦说道："我迟早会在短节目中加入两个四周跳，不然就赢不了比赛。到平昌冬奥会时必须要加入两个四周跳，而且要用高难度的跳法。作为目前的奥运会冠军，想要成功卫冕，就必须要有更为强大的实力。"

享受完短节目成功的短暂喜悦后，超过 106 的高分带来的余波是强烈的。羽生结弦第二天早上产生了"不可思议的紧张感"——那是和索契冬奥会自由滑当天相同的紧张感。

"BIG HAT"会场至今还在纪念 1998 年长野冬奥会，各个地方都有奥运五环标志。看着这个奥运五环标志，羽生结弦下定决心："我要成为无人能超越的冠军。"

自由滑比赛，羽生结弦顺利完成了包括三个四周跳和两个三周半跳在内的所有跳跃，表演堪称完美。最终他的自由滑得分为 216.07，总分为 322.40，双双创造了新的世界纪录，缔造了令人惊叹的壮举。

在山呼海啸的欢呼声中，羽生结弦用双手捧着脸颊，注视着自己的得分。此刻的他无数次站起来向全场的观众挥手致意，滴在脸上的已经分不清是汗水还是泪水。羽生结弦感受着会场最为热烈的气氛，将这份喜悦深深留在脑海里。

短节目的 106.33 分，自由滑的 216.07 分，总分 322.40 的成绩，这个空前的战果将会成为新的压力，羽生结弦坚信自己可以掌握战胜它的精神力量，这是一个全新的挑战。

在自己二十岁的最后一场比赛，即便是这样令人望尘莫及的成绩，羽生结弦依然不满足，依然要鞭策自己上一个新的台阶。花样滑冰大奖赛总决赛之前需要解决的新问题是什么？羽生结弦进行了通宵达旦的思考，不知不觉天亮了。

● 2015年11月28日，世界花样滑冰大奖赛日本站，羽生结弦获得男子花样滑冰的金牌，中国选手金博洋获银牌，日本选手无良崇人获得铜牌。

　　第二天早上，各路媒体都把羽生结弦描绘成了"无人能超越的冠军"。羽生结弦对此笑得有点害羞，并谦虚地说自己还不是无人能超越的冠军。

　　"在我心中，无人能超越的冠军是叶甫根尼·普鲁申科，他的表现总是很完美，气场强大，能营造出独特气韵，我希望也能成为像他那样独一无二的选手。"羽生结弦笃定地说。

　　很显然，普鲁申科作为独一无二的模板，永远留在了他的心中。

● 2015 年 11 月 28 日，世界花样滑冰大奖赛日本站在长野举行，羽生结弦获得男子花样滑冰的金牌。

● 2015 年 12 月 12 日，在巴塞罗那举行的世界花样滑冰大奖赛总决赛的第 3 个比赛日中，羽生结弦倾情一舞。

5 独一无二的超级冠军

在 NHK 杯以后，羽生结弦还希望超越自己，但超越 322 分是一件几乎不可能完成的任务。

羽生结弦追忆起以往的比赛，试图找到超越自己的答案。一时间万千回忆慢慢汇集在自己脑海里，眼前突然浮现了 2012 年的法国尼斯世界花样滑冰锦标赛。他惊奇地发觉到最珍贵的记忆不是打破最高分纪录，也不是夺得奥运金牌，而是尼斯现场观众给予他长达 4 分半钟的热烈掌声。

羽生结弦在尼斯的表演堪称完美，他完全感受到当时尼斯现场的火热气氛。这位 17 岁的少年完全享受比赛，心无旁骛地超水平发挥。同理，NHK 杯和大奖赛总决赛也都一样，表演只有一次，要充分感受表演中愉悦的心情。

不再在意得分与名次，而是专注于表演本身，给观众带来最极致的享受……

简单来说就是"希望自己也能成为像普鲁申科那样独一无二的选手。"羽生结弦内心变得豁然开朗。

2015 年 12 月 11 日，羽生结弦迎来在西班牙巴塞罗那举行的大奖赛总决赛。外界对于"超过 322 分"的期待已经不再能影响到他，短节目和自由滑都表现完美，短节目 110.95 分，自由滑 219.48 分，总 330.43 分，超过 322 分的表演诞生了。

羽生结弦露出了安心又温柔的笑容，这位无人超越的冠军需要的已经不再是赢得比赛，无论是现在还是未来，都要带来与观众心灵交融的独一无二的表演。

● 2015 年 12 月 12 日，羽生结弦在世界花样滑冰大奖赛总决赛中获得金牌，西班牙选手哈维尔·费尔南德斯获得银牌，日本选手宇野昌磨获得铜牌。

第八章

不败王者

（2016—2017）

走出伤病的阴霾

2015/2016 赛季，羽生结弦饱受左脚伤痛的折磨，在休赛期经过复健后重回赛场，在 NHK 杯与大奖赛总决赛两度打破世界纪录并获得金牌，之后再次称霸日本锦标赛。然而此后在 2016 年 3 月底，羽生结弦在波士顿举办的世界花样滑冰锦标赛中惜败，只能遗憾地获得银牌，西班牙选手费尔南德斯发挥出色，获得金牌。

羽生结弦从波士顿世锦赛归来之后，没有回到日本，而是直奔训练地加拿大的多伦多。由于伤势未愈，羽生结弦大部分时间都在休养，玩玩游戏，听听音乐。休养期间不能行走，羽生结弦明显感觉自己脂肪增加了，对此他非常沮丧。当然，更令他沮丧的还是错失了世锦赛的金牌。

波士顿世锦赛作为 2015/2016 赛季羽生结弦的收关之战，本来他在短节目中处于领先，以 110.56 分的成绩足以领先第二名 12 分之多，但是在自由滑中却出现失误最终失去金牌。除了懊悔之外，羽生结弦感到更为痛心的还是失误。

虽然由于脚伤的关系，羽生结弦进入训练期较晚，但这些也不是借口。实际上，左脚的伤从 2015 年 10 月举办的加拿大秋季经典赛就有了。医生曾经建议他在世锦赛之后休息两个月，但羽生结弦不愿意这样做，他担心因伤放弃心爱的滑冰事业，很有可能以后会再也无法回到赛场。

2016 年 6 月，羽生结弦恢复了训练。两个月没有走进滑冰场对其状态影响很大，羽生结弦感受到前所未有的焦虑。

当时初回滑冰场时，他甚至无法正常滑冰，也无法跳跃。随后羽生结弦着手调整，通过阅读有关释放压力的书籍，慢慢平静下来。从一周跳开始练起，随后增加"阿克塞尔跳"，"后外结环一周跳"等简单动作，那时他每天最多只能完成三次后外结环跳。

羽生结弦再次感受到焦虑，他请教了布莱恩·奥瑟教练。最后得出必须不断练习的结论，让身体动作跟上大脑发出的指令。特雷西·威尔逊教练也察觉到羽生结弦的心理问题，在他的帮助下，羽生结弦逐渐恢复了状态。

那段时间对身心的锤炼令羽生结弦受益终生，他明白了即便在状态低落的时候，也不能放弃，并且战胜了受伤的恐惧。

● 2016 年 1 月 9 日，羽生结弦亮相于 NHK 花样滑冰表演赛。

2 快节奏的崭新舞曲

羽生结弦在休养期间更换了短节目的曲子，2016/2017 新赛季他将使用 Prince 的《Let's Go Crazy》，这首曲子节奏很快，可以带给观众愉悦的心情，使得短节目既能像表演赛一样获得享受，又能展现竞技的难度，内容方面也很丰富。

这首曲子非常符合羽生结弦，既能展现帅气，又容易搭配动作。虽然会局限在短节目的要素（跳跃、步法、旋转）中，但随着表演的深入，能够打心底里让人感到快乐，羽生结弦接着表示希望能将表演和曲子融为一体。

跳跃方面，羽生结弦也有了新的变化，比如在开头加入了"后外结环四周跳"，其实在短节目中已经充分体现了，表演效果非常好。而"横一字"接"后外结环四周跳"，虽然很难，但能体现很强的跳跃技巧，这些变化能够使得这组动作更具挑战性。步法提升到 4 级，再加上"后外结环四周跳"，"后内结环四周跳"，以及"后外点冰三周跳"，接下来是"阿克塞尔跳"，如果全套做下来，很有可能会超过之前的纪录。不过，从组合来看，羽生结弦的确有再创佳绩的意愿，但他也明白表演的重要性。

羽生结弦的自由滑新遍曲，来自久石让先生的《View of Silence》和《Asian Dream Song》这两首曲子，取名为《Hope & Legacy》。这首曲子跟以前常用的肖邦《第一叙事曲》一样，与钢琴有关，再加上一些日本风格的旋律，想要表现自然的东西，如风、树、水等事物。编排方面，则是请到 Shae-Lynn Bourne 一起创作，但羽生结弦只是决定了最后的姿势，为了不将自己的情感强加在编排之中，羽生结弦完全尊重 Shae-Lynn 的创作。

另外，羽生结弦对配乐也有了新的认识，青年时期就算听不到声音，也要表现得像有声音一样。而现在如果没有声音，无法与声音互动，就根本舞动不起来，羽生结弦亲自选的这首曲子包含的东西十分丰富。

滑冰需要强劲的核心，它既不是芭蕾，也不是现代舞，更不是摇滚，它属于花样滑冰的范畴。表现形式多种多样，有人不会芭蕾，也能滑得很美，跳芭蕾的人，则有古典之美。

虽然 Shae-Lynn 好像很喜欢现代舞，但她有自己独特随意的编排以及无论从哪个角度看都很漂亮的动作。正因为这是一项极具塑造力又不限定表演方式的运动，Shae-Lynn 才会更想从外界汲取灵感，运用到花样滑冰上。

冰、服装、音乐和身体的动作，将其融为一体后再站在 30 m × 60 m 的赛场上，再配合这首曲子，为大家献上动人心弦的滑冰表演，这才是羽生结弦想要做的事。还有就是他的笑容，笑容的影响有很多面，不仅能感染观众，也能帮到选手，仅仅一个微笑，就能让内心变得丰富。另外曲子不同，编排不同，带给人的效果也不同。有像《晴明》这样激烈的作品，也有像肖邦《第一叙事曲》这样安静的表演。根据编舞师的编排，选手展现出不同风格，但不同选手，展现出的效果也各不相同。这次要做的自由滑，与其说是炫耀滑冰技巧，更多的是诠释演技。

羽生结弦在去年学习到不同的表现方式。他曾跟野村万斋先生进行了关于《晴明》的对话，从他那里学习到，比起如何开发身体，更重要的是认识身体。这次的自由滑必须要学习如何开发身体，所以要尝试除芭蕾外的滑冰表现方式。去年《肖邦第一叙事曲》拿到了高分，《晴明》也得到了很高的评价。正因如此，羽生结弦才决定更换曲目，他认为花样滑冰的项目可以完全从不同的角度去演绎。

2016/2017 赛季是全新的赛季，羽生结弦只想沉浸在表演之中，表达出自己想要表达的东西。

● 2016 年 8 月 22 日，羽生结弦在东京携吉尼斯纪录证书亮相。（2015 年 12 月国际花样滑冰大奖赛总决赛，羽生结弦在短节目得到 110.95 分，自由滑得到 219.48 分，以及总成绩 330.43 分，分别创造历史最高得分。这三项成绩在 2016 年 8 月 22 日均列入到吉尼斯世界纪录。对此羽生结弦感到兴奋，愉快地表示："吉尼斯是我刷新世界纪录的'热情源泉'。我想进一步挑战自己的纪录。"）

● 2016 年 1 月 9 日，羽生结弦
亮相于 NHK 花样滑冰表演赛。

13 总决赛的四连冠

2016/2017 赛季，羽生结弦的首战是 2016 年 9 月的国际滑联秋季经典赛，他完成了史上首个"后外结环四周跳"，为赛季创下了良好的开端。但他在短节目和自由滑中加入了 6 次四周跳的高难度动作，完成得没有那么顺利。

羽生结弦又在 11 月世界花样滑冰大奖赛日本站中获得冠军，12 月的大奖赛总决赛中获得冠军，囊括总决赛的四连冠。

花样滑冰大奖赛的加拿大站是羽生结弦在 2016/2017 赛季参加的第一个正式比赛，在这次比赛中，羽生结弦再次遭遇陈伟群，再次输了，第三次获得加拿大站的银牌，前两次分别是 2013 年与 2015 年，金牌都是陈伟群所获。

羽生结弦后来将三枚银牌摆在自己的床前，每天都会看着它们来激发自己的斗志。赛后接受采访的时候，羽生结弦认为自己开头的"后外结环四周跳"还有提升空间，短节目也在使用新的跳跃编排，试图增加表现力。

如果"后内结环跳"和"后外点冰跳"出现失误，将会很难找回节奏。而"后外结环跳"要是出现失误，也会显得十分突兀。要是因为跳跃打乱节奏，"后外结环跳"和"后内结环跳"都会失败。不仅仅是跳跃，只要有一个步骤打乱，表演就会变得混乱。从这个层面来看，这是一次非常有难度的短节目表演。

正因如此，观众们才值得一看。羽生结弦为了突出存在感，跳跃必须要优美，不然无法继续后面的表演。虽然滑冰技巧和表现力也很重要，但在此之前，如果连跳跃都掌握不了，就更别提其他了，这是他内心最真实的想法。

教练布莱恩·奥瑟对羽生结弦的表现不满意，认为他缺乏自信，但是对短节目的背景音乐《Let's Go Crazy》非常认可。比起《晴明》和肖邦《第一叙事曲》，这次的表演最能带动观众的热情，因为是非常有名的曲子，观众也很熟悉。但只有曲目还不够，花样滑冰不是表演，还是需要跳跃。这次羽生结弦共完成了六次四周跳，虽然不是每一跳都能做到完美，但只要多加练习，相信在接下来的日本站比赛中他能够完成得更好。

根据手的姿势，能改变旋转的速度

2016 年 11 月，羽生结弦参加了世界滑冰大奖赛日本站的比赛，获得了这个赛季的第二个冠军。两站比赛之间，羽生结弦一边请 Shae-Lynn 帮助训练，一边加强了后半段的编排，比如在"后内结环跳"的前面加入了些衔接动作。

羽生结弦面朝正面做好姿势后，加入 2 个压步，停止，转身，做 3 次莫霍克步，再面朝后方，转三，上压步等。设计好舞蹈动作后，羽生结弦在第二天很快就能实践了。

羽生结弦在日本站的短节目中得到了赛季至今的最高分，也是本赛季的最好演出。而这次取得成功还有一个必杀技，就是旋转的时候还加入了手的姿势。规则里也提到过，贴合音乐的手部动作可以适当加分，表现越好，评价越高。

羽生结弦总结出自己的理论，在表演中有可能没时间将手伸长。因为步法很花时间，几乎没时间衔接，要是去掉跳跃，可能就没办法旋转，这是最大难题。但是还有很多其他方法，比如纳塔莉娅·别斯捷米亚诺娃教过他的方法，羽生结弦都想进行尝试，不同的手部姿势，旋转速度也会发生改变。如果根据节奏变换轻重缓急，作品会更好。如果旋转和跳跃能很好地贴合曲子，看起来也更舒服。短节目练习了很久，就算听不到声音，大脑也能自觉地贴合音乐，身体早已熟悉了所有动作。以上就是羽生结弦的必杀技。

日本站选用的是久石让先生的《Asian Dream Song》，跟经典的古典音乐相比。这首曲子以钢琴为主，有日本特色，还加入了作曲家久石让先生独特的音乐方式。配合这首曲子，又有不同的感受。羽生结弦选择这首曲子的原因其实并不在于旋律，而是歌声。他说在《晴明》中，我是主角，会很突出，对曲子有印象后，才能完成作品。这次作品的目的是让久石让先生的曲子不要太突兀，要像包围整个竞技场一样，而我则是整个空间的一部分。冰场上的风、冷气、湿气、飞溅的冰等，与表演、旋律融为一体，构成最终的表演。

羽生结弦获得金牌的原因还有一个，就是他展现的四周跳。而且，越来越多的选手开始尝试使用四周跳。最开始加入"后外点冰四周跳"，容易点燃现场的情绪，成功后基本能得奖，以前大部分比赛都是这样的。现在，如果不在后半场加入"后外点冰四周跳"，基本就没希望了。而且还一定要加入"阿克塞尔跳"。在老式打分系统中，没有"阿克塞尔跳"，就没办法得高分。因为"阿克塞尔跳"是唯一面向前方的跳跃技巧。所以在后半段，羽生结弦加入两次"阿克塞尔跳"。

虽然羽生结弦一直认为，跳跃只是衔接，但"阿克塞尔跳"更有存在感。因为面向前方跳跃更有旋转的感觉。每次点冰跳结束后，气势都会收住。而"阿克塞尔跳"是向前方跳，速度更贴合步法和旋转动作。因此，更适合下一次的动作表现。这次比赛结束之后，距离花样滑冰大奖赛总决赛还有 1 个星期，羽生结弦的 2016/2017 赛季之旅才刚刚过半。

● 2016 年 12 月 8 日，2016 年国际滑联花样滑冰大奖赛总决赛，羽生结弦闪亮出场。

● 2017 年 3 月 30 日，世界花样滑冰锦标赛在芬兰赫尔辛基举办，在男单短节目中羽生结弦上演高难度动作。

5 变得更加强大

2016/2017 赛季世界花样滑冰大奖赛总决赛在法国马赛进行。这次比赛发生了很多意外，比如日程安排不合理，磨冰机坏了，导致冰场上的冰有点化了……还有各种杂七杂八的问题。

羽生结弦在这次比赛中虽然没能打破世界纪录，但是短节目的 106.53 分已经是全年最高分，可惜自由滑得了 187.37 分不太理想，最终羽生结弦只能屈居第三名。

羽生结弦短节目完成得不错，自由滑还是需要磨合，比如后半段的 2 次四周跳（后内结环四周跳、后外点冰四周跳）还不是很熟悉，而比较擅长的刀刃跳则很成功。虽然点冰跳有勾手跳、后内点冰跳、后外点冰跳、但点冰跳相对较少，每项都只加入了一次。但是与之相比，刀刃跳有后外结环跳、阿克塞尔跳、后外结环跳、后内结环跳，倒还是比较多。

不过最后问题还是出在了勾手跳，据羽生结弦赛后分析，这次勾手跳的速度完全不够，所以省掉了一次压步。如果不是因为这个，羽生结弦应该能顺利完成跳跃。做出这种调整，主要也是为了配合曲子的旋律。

在总决赛之前，羽生结弦还特意配合曲目进行了一番练习，最终导致自己体力不足。看来还需要再多加练习。另外，羽生结弦称要是最后的勾手跳没有失误，应该能拿到第一。虽然获得了四连冠，但这次的获胜，并没让羽生结弦感觉那么好。他反复告诉自己，四连冠并不意味着什么，只是一个头衔而已。

羽生结弦认为这段时间发生了好多事，花样滑冰大奖赛总决赛也很辛苦。上个赛季被 NHK 杯延续的沉重压力差点压垮，之前在中国杯又被撞倒受伤。前一个赛季是首次参加在奥运会前的花样滑冰大奖赛总决赛，那时因为在日本举办，让羽生结弦在本土获得了挑战奥运会的力量。

虽然花样滑冰大奖赛总决赛让自己信心倍增，但整个过程很辛苦，四连冠带来的压力也非常大，羽生结弦还是很想在自由滑和短节目中都获得第一。好像只有这次没有拿到大满贯，上次和之前都是第一。想到这里，还是有点不是滋味。这次的四连冠让羽生结弦深刻感觉到自己还要继续变得强大。

● 2016 年 11 月 25 日，日本 NHK 杯
首日比赛，羽生结弦优雅亮相。

6 奔向遥远的理想乡

2016/2017 赛季，羽生结弦在大奖赛总决赛之后，第一次错过了日本锦标赛。2017 年 3 月参加的四大洲锦标赛中，虽然只获得了第 2 名，但是自由滑项目却获得了年度最高的 206.67 分，表现出了良好的状态。

羽生结弦的自由滑震惊了世界，他在 2017 年世锦赛的自由滑中打破了世界纪录，获得 223.2 分，最终取得了金牌。赛季终于落下帷幕。2018 年又是奥运会年，举办地点是在韩国平昌，所有选手都在瞄准这一时刻而努力。

2017 年 2 月的四大洲花样滑冰锦标赛（韩国江陵），羽生结弦只获得了第二名，但在 3 月举办的赫尔辛基世锦赛中却获得了金牌。能够取得如此突破，除了加大练习力度以外，饮食管理也很严格，羽生结弦以前并没有特别控制体重，而在四大洲花样滑冰比赛以后，开始测量体重，检查肌肉量和体脂率。

一边进行身体管理，一边练习，羽生结弦大大提升了自由滑的体力。比如在这赛季的世锦赛中，羽生结弦在平时最擅长的短节目由于跳跃失误，只获得了第五名，逆袭还是很有难度的。在自由滑开始前，有一天空闲时间，羽生结弦回看了短节目的表现，感觉其他选手应该不会有什么失误，因为大家都自信满满地表演，都很镇定。

从这点来看，自由滑很难逆袭。不过自由滑加分的衡量方式不同，如果没有失误的话，能在很大程度上提高分数。另一方面，要是其他选手都展现了无失误高水准的表演，10 分差距会很难追上。比如说哈维尔·费尔南德斯在去年的世锦赛中曾经获得过两连冠，那时羽生结弦的个人历史成绩要好于他。但最后还是失误了，短节目中的 12 分差距在自由滑中被追上。但要是没有发生这种情况，10 分的差距很难追上。

在四大洲花样滑冰锦标赛时，有人对羽生结弦说过因为是比较安静的曲子，如果不好好展现自己的技术和表现力，分数就很难上去，但是羽生结弦没有选择更换曲子。要是换成《晴明》，凭借熟练度应该能够展现出毫无失误的表演，比较困难的后半段的"后外点冰四周跳"已经炉火纯青。不过，他还是想要挑战自己。

赫尔辛基的滑冰场很大，曲子又很安静，想让会场变得很活跃比较困难。节目内容的评分有很多要素，但不是速度快、滑冰的评价高就能得到高分，有很多制约的因素。除了跳跃外，旋转和步法也很重要，对于这两项羽生结弦都已经练进行了很久的练习，更重要的是在四大洲锦标赛时已经很熟悉了。

羽生结弦也渐渐抓到了重点，像是一边配合音乐，一边想着要怎样踩拍子。从角度上来说，跳跃和步法有相同的要点，乔克塔步也有容易滑行的角度和方向等。另外他还研究了身体的用法，尝试很多，从特雷西·威尔逊教练那里也学到过一些。羽生结弦这个赛季最大的提升就是能够驾驭短节目的快节奏曲子，自由滑的日式钢琴曲。正是出色的适应性才使得他最终逆袭创造了自由滑的世界纪录。

● 2016 年 10 月 29 日，世界花样滑冰大奖赛加拿大站，羽生结弦翩然起舞。

● 2017 年 2 月 19 日，在韩国江陵举办的四大洲花样滑冰锦标赛上，羽生结弦惜败于陈巍（307.46 分），以总分 303.71 摘得银牌。

7 面向平昌冬奥会

2017 年 4 月，羽生结弦结束了国别对抗战，结束了这个赛季，接下来将是平昌冬奥会。

在这次冬奥会之前，羽生结弦没有像上次一样在受伤状态下进入休赛期。他举出了叶甫根尼娅·梅德韦杰娃的例子："不管在什么状况下，她都能展现无失误的表演。不管事前是否做了万全准备，她都能展现那种程度的表演。在赛季的最后，获得了赛季最佳的情况下，完成表演。我认为这很重要。对她来说，做不到零失误，就等同于失败。虽然会很有压力，但在那种状态下，能够持续零失误的表演，非常厉害。在心理层面，能从她身上学到很多。"

虽然说"要是没失误，你就赢了"很简单，但在比赛中没做到的话，那就是空话。要是大家都没失误，该怎么办？不到比赛当天，都没有定数。要是自己有信心能够胜利，就要朝着高标准继续努力。虽然会给自己很大压力，但对我来说是好事，如果不能克服，将无法在奥运会上迎战对手。

谈到过去经历对于自己这次参加冬奥会的影响的时候，羽生结弦首先想起了索契冬奥会，只要保持平常心，就能顺利完成短节目和自由滑。而在 2016/2017 赛季中的两场逆转比赛中，让羽生结弦学到了即便在短节目中失败，也能通过自由滑来挽回败局。

羽生结弦的心理素质得到了巨大提升，但同时也有遗憾，国别对抗赛中，短节目发挥失常让他只获得了第七名，虽然在自由滑中以第一名力挽狂澜，但是没有能够跳好"后外点冰跳""后外结环跳"和"后内结环跳"，让他非常遗憾。

羽生结弦谨记了这份不甘，继续努力练习，向 2018 年平昌冬奥会阔步前进。

第九章

平昌冬奥会

（2018）

备战卫冕之路时脚踝受伤了

2018 是奥运会年，平昌冬奥会即将拉开帷幕。羽生结弦在决战时刻选择了自己最熟悉的两首曲子，短节目是肖邦作曲的《第一叙事曲》，自由滑则是《阴阳师》的《晴明》。

羽生结弦在全年的状态都很出色，在赛季初战的秋季经典赛（2017 年 9 月）上，羽生结弦刷新了短节目的世界纪录，达到了惊人的 112.72 分。之后的自由滑受膝盖的影响，出现失误，输给西班牙的哈维尔·费尔南德斯，位列第二。

接下来参加了 10 月举行的世界花样滑冰大奖赛俄罗斯站，羽生结弦在自由滑中首次成功展现了"勾手四周跳"。这对羽生结弦来说，是继"后外点冰跳""后内结环跳""后外结环跳"后的第 4 个四周跳。虽然自由滑赢得第一，短节目排在第二，最后还是败给了陈巍（美国），但羽生结弦此刻的状态非常良好。

即将踏上卫冕之路，羽生结弦的意外突然发生了，那就是 11 月的 NHK 杯的突发事件。

作为上届冬奥会金牌得主，羽生结弦在公开练习"勾手四周跳"落地时，右脚踝受伤了，被诊断为右脚关节外侧韧带损伤，无法再参赛，只能缺席 12 月花样滑冰大奖赛总决赛，失去了五连冠的机会。当时伤势很重，甚至还被认为将会错过 2018 年 2 月举办的冬奥会。由于羽生结弦的缺席，诸多主打四周跳的年轻选手登上舞台，如获得了该赛季大奖赛总决赛的冠军陈巍，以及以微弱的差距排在第二的宇野昌磨。

由于伤病，羽生结弦也没有报名 2018 年 1 月的四大洲花样滑冰锦标赛，平昌奥运会将成为他复出的首战。

● 2017 年 2 月 17 日，在韩国举办的四大洲花样滑冰锦标赛男单短节目上，羽生结弦精彩亮相。

● 2017 年 10 月 22 日，世界花样滑冰大奖赛俄罗斯站第三个比赛日，羽生结弦在男子自由滑比赛中登场。

2 越想挽回，越容易失去。

● ● ● ● ● ●

2017 年 9 月，加拿大蒙特利尔举办了花样滑冰秋季经典赛，羽生结弦感觉在那里学到了很多东西。他说那场比赛全部的得分点都在后半段，关于后半段的动作组合，那时羽生结弦已经驾轻就熟，比较稳定，也有了自信。

虽然纯熟，但依然出现了瑕疵，羽生结弦在第一个"后外点冰跳"就失误了，本想弥补一下，谁知第二次也失误了。这种情况是赛场常有的，越想挽回，越容易失去。

这次羽生结弦单独用了"阿克塞尔跳"，因为项目是按照他的喜好编排的，所以不想随意更改动作组合。从这个意义上来说，他发现，在发生意外状况时，主动修改、增加难度动作来弥补时，并不能提高分数。

这次比赛羽生结弦成功挑战了"勾手四周跳"，震惊全场。但实际上，这么做他付出了相当大的代价。"勾手四周跳"和"后外结环四周跳"接三次四周跳和三周半跳。这一套动作会对脚部造成极大的负担，这也为他日后受伤埋下伏笔。

● 2017 年 4 月 23 日，羽生结弦参加了在日本东京举办的世界花样滑冰团体锦标赛。

3 俄罗斯大奖赛

2017 年 10 月，羽生结弦参加了在莫斯科举办的花样滑冰大奖赛俄罗斯站。作为新赛季第一战，他沿用了部分以往的动作组合，虽然他复盘比赛进行自我分析时，说出表演出现了两处失误，但这些瑕疵并不妨碍他夺得第一名。

羽生结弦在表演完"勾手四周跳"，再做"后外结环四周跳"时无法正常旋转，只好改用三周跳才顺利度过。"后内结环四周跳"轴心有点偏移，但依然能顺利旋转，由此可见羽生结弦的平衡感与协调性太好了。

虽然后半段的"后外点冰四周跳"，羽生结弦变成了两周跳，但那也是没办法。之后他又顺利完成 3 个跳跃（后外点冰四周跳 + 后外点冰三周跳，阿克塞尔三周跳 + 后外点冰两周跳，阿克塞尔三周跳），顺利收尾。

这次赛季初战，羽生结弦有了与以往截然不同的感觉。这次从秋季经典赛之前，羽生结弦就设想过要跟哈维尔·费尔南德斯对战，虽然这次比赛的对手是陈巍。

羽生结弦只想尽快完成初战的试练，每年在花样滑冰大奖赛的初战都会开始紧张，自己也注意到了。这个时期受伤也最多，所以在加强练习的同时还要防止受伤，这非常困难。

● 2017 年 10 月 20 日，羽生结弦在世界花样滑冰大奖赛俄罗斯站的首日战中激越登场。

4 秣马厉兵剑指平昌

羽生结弦深深感觉到：2018 年平昌冬奥会与 2014 年索契冬奥会有所不同，因为现在的他已经不可能像十六七岁的时候一样，通过不断地重复跳跃、摔跤，让身体记住动作。现在的他需要做适合身体状况的练习，但跟那时候相比，现在面临的困难更多，恢复体力也更困难。

羽生结弦要让身体在不同的压力状况下练习，而且练习的质量至关重要。虽然通过训练能够加强肌肉，但羽生结弦不想通过负重训练来增肌。

羽生结弦的肌肉不够发达，旋转时身体较细，所以才有可能完成优美的跳跃。但从稳定性上来说，体格结实的人，重心较低，就算轴心稍微有点偏移，也能保持平衡，这样的选手在跳跃时会比较有利。

羽生结弦觉得如果一味去模仿别人的跳跃方式，虽然动作更稳，但也会失去自己的特色。只要赛前保持积极向上的心态、锻炼好体格、做好赛前热身，结果就不会太差。刻意改变自己的体格，抛弃自己的特色，这是舍本逐末的方法，而且往后将很难再回去。

羽生结弦认为花样滑冰需要兼具稳定与特色，保持两者之间平衡。他认为自己的表演就像是玻璃的碎片，如果能完美契合，会变得非常美。可一旦不能吻合，就有可能毁了自己，自己也因此受过伤。况且如果不能很好地契合，精神上也会受到打击，变得不再自信。

● 2017 年 10 月 21 日，世界花样滑冰大奖赛俄罗斯站的第二天，羽生结弦以一身阴阳师的造型惊艳全场。

● 2017 年 10 月 20 日，羽生结弦在世界花样滑冰大奖赛俄罗斯站的首日战中激越登场。

● 2017 年 10 月 22 日，世界花样滑冰大奖赛俄罗斯站的第三个比赛日，羽生结弦在男子自由滑的比赛中华丽登场。

15 在俄罗斯回归初衷

来到莫斯科，羽生结弦回忆起 2011/2012 赛季，当时他曾在这里进行集训，练习强度非常大，加上天气非常冷，自己的身体状况也不好。要是没有当时的莫斯科世锦赛的参赛经历，自己也许不会走到现在这一步。

每当表演《星降之夜》时，羽生结弦都会想起当年纳塔莉娅·别斯捷米亚诺娃和伊果尔·博布林夫妻的教诲，是他们帮羽生结弦奠定了花滑之路的坚实基础。

作为亚洲人，来到欧洲赛场，总有点不知所措。跟很多人交谈后，羽生结弦最大的感受就是，虽然在北美练习，偶尔能窥出北美特色，但他们的表现方式并非是北美风格，而更靠近俄罗斯风格，但不够明显。

羽生结弦拥有亚洲人独有的细腻与灵活，能把动作完成得如此完美，令人赞叹。在那一刻，羽生结弦为自己是日本人感到自豪。最初在日本开始练习时，他受到经验丰富的日本教练的多方照顾，之后前往俄罗斯、加拿大，羽生结弦又学习到了很多东西，并相信那些宝贵的东西，经过积累与沉淀，慢慢会体现在表演中。

羽生结弦觉得这次俄罗斯杯与往年赛季的开幕式也很不同，完成了"勾手四周跳"固然可喜，但发现了短节目的不足更为重要。虽然表现欠佳，也没有见到前来观战的三位导师，但塔拉索娃教练提供了曲子，别斯捷米亚诺娃和博布林夫妻打下了坚实基础，要是没有他们，自己不可能走到这一步。

在 2017/2018 赛季初战，羽生结弦要展现至今为止的积累，通过在对手面前滑冰，深刻认识到了自己的可能性、不足以及需要强化的地方。不管是自由滑还是短节目，都需要集中精力完成跳跃。特别是赛季首战，整场表演必须十分专注。但这次的表演赛自由滑结束后，教练再次修改了动作，加强了羽生结弦对曲目的理解，更贴近俄罗斯的艺术风格。从这个角度来看，既收获了知识，又给了本人很大的鼓舞。

羽生结弦赛后说到挑战高难度跳跃，突破极限的感觉非常美妙。而且除了跳跃，其他方面也能收获掌声，让人非常高兴。就像野村万斋先生说过的，旋转时的心情，表演时倾注在每个动作上的情感，都有它的含义。观众们也会对此做出反应，并坦率地接受，对此羽生结弦有很强烈的认同感。

羽生结弦很庆幸自己能选择花样滑冰，这次俄罗斯之旅让他对这种认知更加坚定。

16 曲折的花滑人生

平昌冬奥会的决战时刻即将来临，对羽生结弦而言，距离他 19 岁参加索契冬奥会夺得金牌过去 4 年了。

作为奥运冠军，一路走来远比想象中更艰辛，无上荣耀背后是无数次碰壁及重重压力。羽生结弦回想起自己走过的道路时，心中五味杂陈。虽然有过苦恼、伤病、纠结，但他依然回到了热爱的花样滑冰赛场。

羽生结弦虽然已经夺得过了奥运会金牌，但是奥运会始终是自己憧憬的舞台，无法当成普通的比赛。他认为就算自己是世界第一，就算当时创造出个人最佳成绩，就算得分比任何人都要高，自己还是有种初次参加奥运会的感觉。

谈到自己对于平昌冬奥会的期望时，羽生结弦说夺得金牌固然重要，但他同样期待没有失误的表演。

自从索契冬奥会以后，各方面人士对于羽生结弦的期望越来越高，自己也增添了许多压力和烦恼。

索契冬奥会之后的那个赛季，羽生结弦一度内心强烈地感觉到没人能够理解自己的心情，不过如今已经克服了这种孤独感。2014 年 11 月在中国杯上和其他选手冲撞后，同年 12 月因为手术曾经相当烦躁，觉得必须得做点什么，否则很难安静下来。卫冕之路是非常坎坷的，即使当时羽生结弦喊出过卫冕的口号，却也没有绝对的信心。但随着 2015/2016 赛季的《第一叙事曲》和《晴明》的完美表演后，他又再次给自己提出了卫冕目标。

羽生结弦一路走来，给自己不断施加压力，然后向更高目标努力，已经形成了他的固定模式。然而在克服苦恼与矛盾的过程中，通常母亲是自己的原动力，因为家人的支持使得他总能克服障碍。因此，羽生结弦曾流着眼泪说自己不是一个人在战斗。

回顾自己的花滑人生，羽生结弦曾动情地这样说过："从练习花滑开始一直很辛苦，但我还是很感谢父母让我练习花滑。如果不是姐姐在练，我想我也不会练，恐怕会打打棒球，更加努力学习吧。但是从开始练习花样滑冰时起，我就决定要拿奥运会金牌了，只是当时不知道这是个如此艰难的过程。"

花样滑冰是最具观赏性和最具艺术性的表演运动，因冰上滑行的灵活性和流畅感更胜其他运动，疾速的美感是此项运动独有的妙趣。花样滑冰成为奥运会的竞技体育项目，要追求"更高、更快、更强"的目标，挑战极限。旋转和跳跃，最能体现花样滑冰的体育竞技性质——这个项目不仅要美，也要难，它是力量、速度、协调性与美感的综合。

如今的羽生结弦早已不是跟着姐姐学习花样滑冰的爱好者，而是世界上顶级的花样滑冰巨星，他早已深谙各种花样滑冰的高难度技巧，并将其融会贯通，形成自己独树一帜的风格。

7 不断涌现的新对手

回顾自己的花滑人生，羽生结弦直言简直就像是在坐过山车，赢不了的时候就是赢不了，进行了大量练习状态很好，结果又会受伤，一直就是这样的循环。顺境和逆境的差距太大，有时连自己也跟不上这种节奏。

甚至比电视剧更戏剧性的是，羽生结弦的面前从不缺少竞争对手以及他们带来的挑战，不管是索契冬奥会前的陈伟群，还是现在的陈巍和金博洋。2014 年索契冬奥会结束之后不久，金博洋就完成了"勾手四周跳"，这预示着现在的四周跳时代的到来，时代每时每刻都在发生改变。

正是因为出现了像陈巍和金博洋这样能完成"勾手四周跳"的选手，所以羽生结弦也必须全力应战。

记得羽生结弦在小学跟着都筑章一郎老师学习的时候，那位恩师就曾经说过："你总有一天得完成'阿克塞尔四周跳'。"此外严师出高徒，都筑章一郎老师还曾让羽生结弦挑战五周跳。

四年前索契冬奥会的时候，羽生结弦只要能完成"后内结环四周跳"和"后外点冰四周跳"就能获胜，在短节目中的《巴黎散步道》现在回看起来也非常简单，四年时间花滑正在以惊人的速度在进化。

多年来，羽生结弦总结出一套自己的理论：人生的正负是平衡的，最终会归于零，但振幅的大小却因人而异。

羽生结弦觉得自己的正负差异过于巨大，索契冬奥会时过于顺利，后来就一落千丈，甚至多次想过要放弃花滑。但是低落之后，又会获得成果再次上升，然后再次发生起伏。

今后也会是像过山车一样的人生吧？羽生结弦甚至想过在平昌冬奥会后退役。但当他想起小时候都筑老师一直谆谆教导"要成为第一个完成'阿克塞尔四周跳'的男人。"这句话时他都无法放弃花样滑冰。

羽生结弦在索契功成名就之后，已经清醒地认识到花样滑冰运动发展的大趋势，也下定决心迎难而上，攀登新高峰。在他的教练（加拿大名教头）布莱恩·奥瑟的指导下，羽生结弦在索契冬奥会后，就换掉了帮他在索契夺冠的两套节目，经过一番打磨和尝试，在 2015 年之后换成了短节目肖邦《第一叙事曲》和自由滑《晴明》。

经过不断地磨合与实践，中间又有一些变化与改进，最终驾轻就熟之后，羽生结弦决定在平昌冬奥会上的短节目与自由滑比赛中，就使用改编成熟的肖邦《第一叙事曲》和《晴明》。

8 卫冕平昌冬奥会

2018 年 2 月 9 日，平昌冬奥会拉开帷幕，作为这项冬季最大体育盛宴的明珠——花样滑冰备受关注。

2 月 16 日男子花样滑冰的决战正式开始，在 16 日与 17 日的这两天，比赛现场持续下起"维尼熊雨"，全场漫天的欢呼只为一个人，他就是，羽生结弦！

2 月 16 日短节目比赛，作为奥运卫冕冠军伤后复出的第一场，羽生结弦在肖邦《第一叙事曲》婉转悠扬的曲调下，从跳跃、滑行、衔接到表演，都有了质的飞跃，两个四周跳又高又飘，高难度的阿克塞尔三周半堪称完美，整套节目行云流水、一气呵成，羽生结弦短节目得分 111.68，毫无悬念地以第一名身份晋级决赛。

下一场自由滑是花样滑冰的重头戏，2 月 17 日，羽生结弦化身平安时代的"阴阳师"翩翩起舞。他的呼吸、跳跃和步法与音乐融为一体，这一刻，全世界为之陶醉。

最终羽生结弦的自由滑获得了 206.17 分，以总分 317.85 获得平昌冬奥会的男子花样滑冰冠军，领先第二名的宇野昌磨 11 分左右。羽生结弦在平昌冬奥会上成功卫冕，成为花样滑冰项目近 66 年以来卫冕的第一人。

卫冕之后的羽生结弦，开始规划未来的职业生涯。

他曾经说过自己非常享受大学的学习，只要获得学分就能读下去的话，自己就能一直深造下去。

不过羽生结弦最终还是想做教练，教导其他的花滑选手。因为他从小就参加了大量花滑训练，所以能获得史蒂芬·兰比尔、约翰尼·威尔、叶甫根尼·普鲁申科等儿时偶像的支持，并能跟他们一起进行花滑表演以及开设培训学校，培养新一代的花滑人才，这是羽生结弦未来的规划与梦想。

● 2018年2月16日，平昌冬奥会，羽生结弦出战男子花样滑冰短节目赛。

● 2018年2月17日，平昌冬奥会，羽生结弦夺得男子花样滑冰项目的金牌，成功卫冕，宇野昌磨获得银牌，哈维尔·费尔南德斯获得铜牌。

2018 年 2 月 16 日，在平昌冬奥会男子花样滑冰的短节目比赛中，羽生结弦优雅起舞，在肖邦《第一叙事曲》婉转悠扬的曲调下，翩然若仙，飘逸出尘，以其出众的艺术表现力和高超的技术征服了现场观众和裁判，其表现堪称完美，得到让人叹为观止的 111.68 高分。

● 2018 年 2 月 17 日，平昌冬奥会男子花样滑冰的自由滑比赛，在《晴明》清亮高远的乐曲声中，伤愈归来的"冰上贵公子"羽生结弦此刻完美化身成为平安时代的"阴阳师"，且歌且舞且从容，向世界宣告了王者的归来，最终也众望所归地获得 206.17 的高分。

● 2018 年 2 月 17 日，平昌冬奥会男子花样滑冰比赛结束，羽生结弦在之前的短节目比赛中获得 111.68 分，自由滑获得 206.17 分，总成绩达到 317.85 的高分，成功登顶，夺得平昌冬奥会男子花样滑冰的金牌，成为该项目近 66 年来卫冕第一人。

第十章

绽放冰巅 世无双

（2018-2019）

带伤上阵再夺金

在 2018 年卫冕平昌奥运会冠军之后，高处不胜寒，羽生结弦因为伤病，职业生涯有了一些跌宕。

首先羽生结弦因为右脚脚踝伤痛未愈，缺席 2018 年 3 月 19 日至 25 日在意大利米兰举行的花样滑冰世锦赛。

2018 年 11 月 4 日，在 2018/2019 赛季世界花样滑冰大奖赛芬兰站中，羽生结弦伤愈出战，以短节目 106.69 分、自由滑 190.43 分、总分 297.12 分的成绩夺冠，三项数据均再创此项赛事的新高。此外他成功完成了"后外点冰四周接阿克塞尔三周连跳"，成为世界上首位完成这一连跳的花样滑冰男子选手。

羽生结弦的奇迹还在延续，在 2018 年 11 月 17 日莫斯科举办的世界花样滑冰大奖赛俄罗斯站中，羽生结弦在短节目中以 110.53 分傲视群雄，再度刷新由自己保持的短节目（106.69 分）世界纪录。

短短 13 天内，羽生结弦再破世界纪录，同时也是他第 16 次刷新世界纪录。

在此后的男单自由滑比赛中，虽然羽生结弦受到脚伤影响，表现并不完美，但还是得到 167.89 分，并以总成绩 278.42 分拿到冠军，以两站第一的成绩夺冠并顺利晋级世界花样滑冰大奖赛的总决赛。

然而，月满则亏——"羽生结弦战胜羽生结弦之后，击败他的还是自己。"

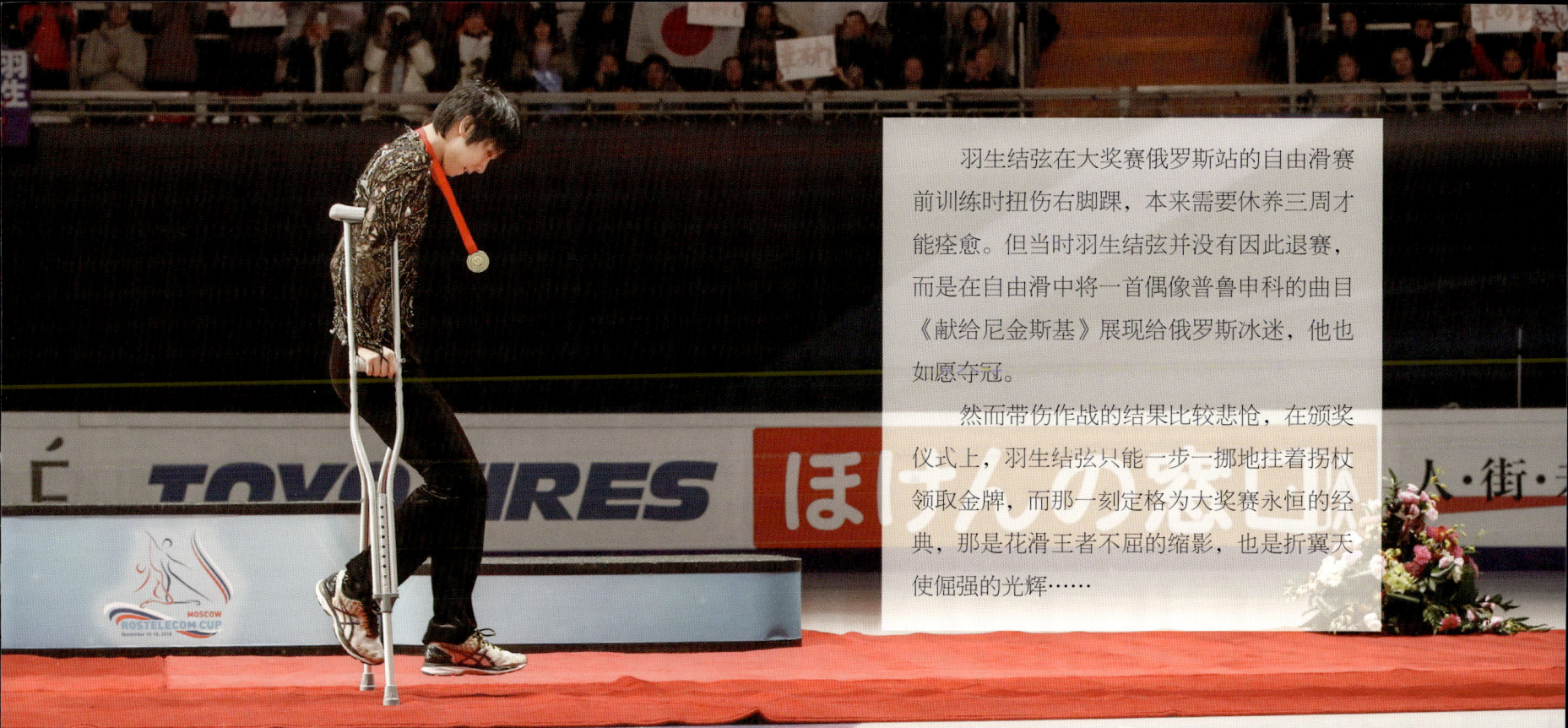

羽生结弦在大奖赛俄罗斯站的自由滑赛前训练时扭伤右脚踝，本来需要休养三周才能痊愈。但当时羽生结弦并没有因此退赛，而是在自由滑中将一首偶像普鲁申科的曲目《献给尼金斯基》展现给俄罗斯冰迷，他也如愿夺冠。

然而带伤作战的结果比较悲怆，在颁奖仪式上，羽生结弦只能一步一挪地拄着拐杖领取金牌，而那一刻定格为大奖赛永恒的经典，那是花滑王者不屈的缩影，也是折翼天使倔强的光辉……

2 羽生结弦效应……

　　由于右脚踝的伤势未愈，2018 年 11 月 29 日，羽生结弦不得不退出世界花样滑冰大奖赛总决赛。2018 年 12 月 13 日，羽生结弦又因伤退出全日锦标赛。此后羽生结弦也错过了四大洲锦标赛，花样滑冰世锦赛会成为他的复出首秀，也同时是 2018/2019 赛季收官战。

　　2019 年 3 月 21 日，在花样滑冰世界锦标赛的男子短节目比赛上，阔别冰场四个月的羽生结弦在山呼海啸的助威声中登场，得到 94.87 分，之后在自由滑中得到 206.10 分，总得分为 300.97 分，虽然创造了此项赛事的新纪录，但依旧落后于陈巍（323.42 分），屈居亚军。

　　2018/2019 赛季，羽生结弦依旧强势，他先在 2019 年 10 月 27 日花样滑冰大奖赛加拿大站的比赛中，以总分 322.59 分斩获金牌，之后又在 11 月 23 日花样滑冰大奖赛日本站中再添金牌。这也预示着羽生结弦将会如期出现在 12 月意大利都灵举办的大奖赛总决赛现场，剑指总冠军。

　　他是唯美漫画中的贵公子，平安时代里的阴阳师。当年羽生结弦的父亲为他取名"结弦"，一来是对应儿子的星座（射手等于弓箭手），二来希望爱子的人生能像弓弦一样张弛有度……

　　容颜如玉，身姿如松，翩若惊鸿，婉若游龙！羽生结弦，亦仙亦魔，有着天使与魔鬼结合的独特气质。他流光飞舞，惊艳赛场，斩获大批粉丝。如今羽生结弦这个名字，早已超越了花样滑冰、超越了体育范畴，成为年轻人的时尚偶像、冰迷喜爱的超级明星、日本文化的代表性人物。

　　也许是羽生结弦效应，日本放送了一部花样滑冰的主题动画《冰上的尤里》，剧中主角胜生勇利的设定就借鉴了羽生结弦的经历。这部动画也在年轻人当中推广了花样滑冰这项运动。很显然羽生结弦的魅力已经不局限于花滑，他的精神也激励着许许多多的人。

　　Just remember me.

　　I am the king Yuzuru HANYU.

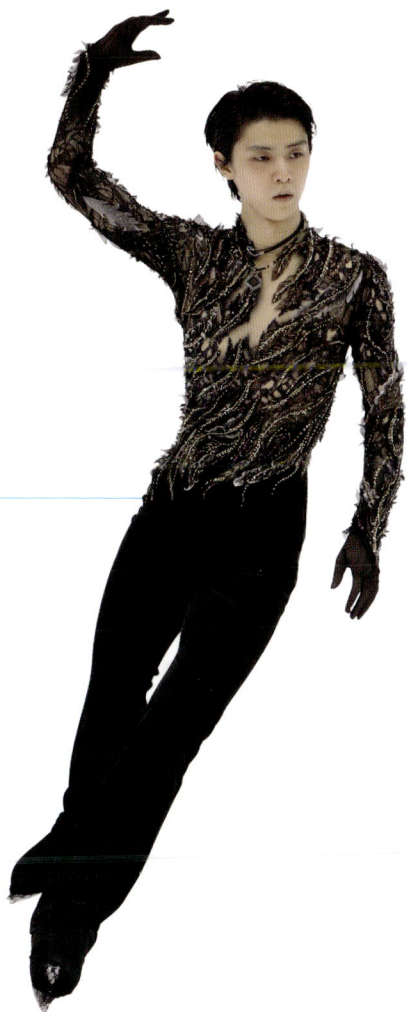

著作版权合同登记号

图书在版编目（CIP）数据

心弦合一：绽放冰巅的羽生结弦 / 冯逸明主编
.—北京：新星出版社，2020.3
ISBN 978-7-5133-3963-6

Ⅰ．①心 … Ⅱ．①冯… Ⅲ．①羽生结弦—传记 Ⅳ．① K833.135.47

中国版本图书馆 CIP 数据核字（2020）第 023252 号

心弦合一：绽放冰巅的羽生结弦

冯逸明 主编

策　　划：赵　雷
责任编辑：汪　欣
特约编辑：陆兆远　穆　东
责任校对：李照阳　王蔓莉
责任印制：荆永华
装帧设计：冯逸明　牛　涛

出版发行：新星出版社
出 版 人：马汝军
社　　址：北京市西城区车公庄大街丙 3 号楼　100044
网　　址：www.newstarpress.com
电　　话：010-88310888
传　　真：010-65270449
法律顾问：北京市岳成律师事务所

读者服务：010-88310811　service@newstarpress.com
邮购地址：北京市西城区车公庄大街丙 3 号楼　100044

印　　刷：小森印刷（北京）有限公司　010-80215073
开　　本：787mm × 1092mm　1/12
印　　张：9.5
字　　数：100 千字
版　　次：2020 年 3 月第一版　2020 年 3 月第一次印刷
书　　号：ISBN 978-7-5133-3963-6
定　　价：69.00 元